Regine Sonnleitner

Der Flug des Falken

Eine Sammlung von Kurzgeschichten für die Seele

Regine Sonnleitner

Der Flug des Falken

Eine Sammlung von Kurzgeschichten
für die Seele

Jeder sollte einen Malu haben

Rediroma-Verlag

Bibliografische Information der Deutschen Nationalbibliothek:
Die Deutsche Nationalbibliothek verzeichnet diese Publikation in der Deutschen Nationalbibliografie; detaillierte bibliografische Daten sind im Internet über http://portal.dnb.de abrufbar.

ISBN 978-3-96103-599-1

Illustration: Claudia Nordheim

www.rediroma-verlag.de
9,95 Euro (D)

Inhaltsverzeichnis

Autorin

Regine Sonnleitner

Geboren vor 50 Jahren in Rödental/Oberfranken, seit 22 Jahren mit ihrem Mann wohnhaft in Hagen/Westfalen und mit zehn Jahren angefangen mit Stift und Heft durch das Leben zu laufen.

Seit 40 Jahren schreibe ich für mich und meinen Traum, einmal ein Buch zu veröffentlichen.

Vor vier Jahren fing ich an, Kurzgeschichten über Lebenssituationen zu schreiben, für Freunde, Familie und einfach Menschen, die eine Geschichte brauchten.

Ich liebe die Natur und die Tiere, deswegen sind meine Geschichten immer eine Reise durch die Fauna und Flora und die Darsteller Krafttiere.

Auch Namen haben für mich eine große Bedeutung, ob Hoffnung, Kraft, Frieden, Leben ... es ist alles dabei.
Mit diesen Geschichten möchte ich Menschen zeigen, dass ein kleines Umdenken oftmals reicht, um Trost und Kraft zu finden, egal, in welcher Lebenslage man sich befindet.

Es ist egal, wie langsam man geht, es ist nur wichtig, nicht stehen zu bleiben.

Aufgrund einer Krankheit bin ich nun gezwungen, mein sonst so schnelles Leben komplett umzustellen und langsam anzugehen. Doch es öffnen sich dadurch auch neue Wege, wie diese Sammlung für all die Menschen weiterzugeben, die eine Geschichte dringend nötig haben, also alle.

Die Illustrationen in Nadeschda und Andraia wurden von meiner Herzensschwester Claudia Nordheim gezeichnet, die sie mir für das Buch zur Verfügung gestellt hat, dafür ein großes Dankeschön.

Widmung

Ich widme diese Sammlung meiner Mutter, die auch meine beste Freundin im Leben ist und die mich ständig aufgefordert hat, mich endlich selbst zu überwinden und das Buch zu veröffentlichen. Denn sie hat an mich geglaubt.

„Der Flug des Falken" ist ganz besonders meiner Nichte gewidmet, für die ich diese Geschichte geschrieben habe. Sie ist der Falke, der mir zur Inspiration der Geschichte verholfen hat. Wie der Phönix aus der Asche hat sie es geschafft, aus einer schweren Zeit ihres Lebens heraus einen Neubeginn zu starten. Ich bin so stolz auf sie.

„Der kleine Silberlöwe", diese Geschichte widme ich meiner Großnichte, für die ich diese Geschichte geschrieben habe. Sie hat ihr Leben noch vor sich und ich hoffe, dass sie ihren Weg findet.

„Nadeschda" war meine erste Geschichte dieser Art und ich widme sie dem Menschen, der mich dazu inspiriert hat. Eine meiner Herzensschwestern hat sie mit ihren Zeichnungen illustriert, da uns ihre Lebensgeschichte sehr ans Herz ging.

„Andraia", geschrieben für einen lustigen Gesellen auf Erden, ist all denen gewidmet, die gerne lachen.

„Malu" ist der Favorit, durch ihn habe ich den Mut gefunden, das Buch einzusenden. Seine Geschichten widme ich insbesondere meinen Schwestern und Herzensschwestern,

meinem Patenkind, meinen Neffen und „Stiefkindern“
Jeder braucht einen Malu im Leben. Auch ihr.

Der Flug des Falken

Velut phoenix in cinere

Wie der Phönix aus der Asche

Im vollen Einklang mit der Thermik der Winde, hoch oben, zwischen den Wolken, da ,wo die Freiheit grenzenlos erscheint, sah man ihn, wenn man genau hinschaute. Ein Falke, sein pfiffartiger lang gezogener Schrei erschallte am Himmel.

Mein kleiner Falke war noch sehr jung und noch nicht in den vollen Mächten seiner Bestimmung. Er war eine Sie, ein weiblicher Falke, auf der Suche nach seinem Dasein.

Das Falkenweibchen flog ihre Kreise und schaute sich all die Dinge an, die sie von hoch oben überblicken konnte. Sie flog über ein Feld, sah einen Bauern, der Dünger ausstreute. In wilder Eile flohen Hasen und Feldmäuse vor dem Gift.

Sie flog über eine Stadt und sah die Menschen, die geschäftig umherwanderten in der Hektik des Alltages. Die Lichter der Stadt, überall blinkte und leuchtete es. Sie hörte den Krach, hupen, schreien, kreischen. Sie roch die Abgase und die verschiedenen Gerüche der Leute dort unten. Aus Schornsteinen qualmte es und es kam ein fürchterlicher Gestank ihr entgegen.

Weit vorn am Horizont sah sie blaues Wasser und flog darauf zu. Nur raus hier, dachte sie bei sich, dort vorne, da scheint es besser zu sein. Das Meer, blau im Glanz der Sonne, erscheint ihr vollkommen.

Als sie näher flog, sah sie dunklen schlüpfrigen Schaum am Strand. Vögel mit verklebten Flügeln im Kampf gegen den Schlick. Sie sah Menschen, die versuchten zu helfen und doch alles schlimmer machten, indem sie den Vögeln das Leben nahmen.

Mein Falke fragte sich langsam, wo ist diese grenzenlose Freiheit, das Gefühl, das ich in den Wolken spüre? Genau in diesen Augenblick hörte sie hinter sich ein lautes Brummen und ein großer stählerner Vogel kam auf sie zu. Voller Schreck flog sie im Sturzflug über die Dünen, zurück ins Landesinnere. Sie flog und flog, da endlich vor ihr der Wald. Erschöpft setzte sie sich auf einen Ast einer hohen Eiche.

Plötzlich ein Krachen, ein Wanken, gerade noch rechtzeitig breitete sie ihre Schwingen aus und hob sich in die Lüfte. Krach, die Eiche fiel mit lautem Getöse zu Boden.

Voller Panik flog sie tiefer in den Wald, vor ihr erhob sich ein Fels, von dessen Klippen ein Wasserfall in ein natürliches Becken stürzte. Nah am Wasser standen große Bäume mit dichtem Grün. Sie war erschöpft und suchte sich im Dickicht des üppigen Grünes einen Ast und ließ sich darauf nieder.

Was war hier los? Sie verstand es nicht, es war das totale Grauen. Das sollte die Welt sein, die Freiheit, das Leben. Überall war Gift, Zerstörung, Unverständnis, Dreck, Gestank, Lärm ...

Fassungslos starrte der kleine Falke in den Wasserfall. Dort glitzerten die Tropfen in der untergehenden Sonne.

Die Nacht senkte sich herab. Im ersten Schein des Mondes sah sie einen Schatten über der Felsklippe am Wasserfall vorbeischweben. Was war das wieder? Voller Angst starrte sie dem entgegen.

Lautlos und in voller Pracht glitt eine Eule auf sie zu und ließ sich auf ihrem Ast nieder. Mit großen weisen Augen starrte sie das kleine Falkenweibchen an.

„Guten Abend, kleiner Falke“, grüßte die Eule „Ich bin Sophia und wer bist du?“

Der kleine Falke war entsetzt von der Frage. Wer bin ich ...? Name?

„Ich weiß nicht, wer ich bin, und ich habe keinen Namen.“ Unglücklich über diesen Umstand drehte sie sich um.

„Nein, schau mich an, meine Kleine, dreh dich nicht weg – jetzt bin ich bei dir und wir werden zusammen einen Namen für dich finden. Lass mich mal überlegen: In der slawischen Mythologie ist der Falke eine Gestalt der Sonne und des Lichts. Und er ist bekannt für seinen großen Mut, seine scharfen Augen und er kann in kürzester Zeit große Distanzen durchmessen. Also bist du ein ganz besonderes Geschöpf. Wir werden dir den Namen Lisa geben – er ist eine Kurzform von Elisabeth und er bedeutet Gottesgeschenk oder auch die Göttliche. Du verkörperst in deiner Form und in deiner Seele all das, was unser Schöpfer in die Welt bringen wollte. Schönheit, Sonne, Mut und Grazie. Also, mein kleiner Falke ab jetzt ist dein Name Lisa.“

Voller Erwartung schaute Sophia, die Eule, den kleinen Falken an.

„Ja, der Name gefällt mir, Lisa, ich heiße Lisa“, jubelte das Falkenweibchen. „Das gefällt mir.“

„So, und nun, da wir das geklärt haben, warum versteckst du dich hier im Dickicht und bist nicht auf der Jagd? Warum genießt du nicht den Horizont?“, fragte Sophia.

„Weißt du – ich flog heute den ganzen Tag über die Welt, doch was ich sah, war nur Trostlosigkeit, Zerstörung, Lärm und Vernichtung – ich fand nichts Schönes. Sogar oben, unter dem blauen Himmel, kam mir Gefahr entgegen. Sag du mir, ist das die Welt, ist dies das Leben, das ich leben soll?"

„Tja, du hast recht, es ist grauenvoll und erschreckend. Die Menschen vernichten unseren Lebensraum und somit ihren eigenen. Sie sind nicht die hellsten Geschöpfe, eigentlich sind sie recht dumm. Sie denken sehr materiell, sie brauchen immer mehr zum Leben. Sie denken, dass sie glücklicher sind je mehr Sie besitzen. Je größer das Haus, desto besser sind sie angesehen. Sie besprühen ihr Korn auf den Feldern mit Gift, um Schädlinge zu bekämpfen. Schädlinge, pah, das sind wichtige Tiere, von denen wieder andere Tiere leben. Sie sehen nicht, dass auch Unschuldige dadurch ihr leben lassen. Sie fällen massenweise Bäume, das Konsumdenken ist enorm. Dass sie damit uns unsere Heimat zerstören, sehen Sie nicht. Wir sind für sie nicht wichtig." Nachdenklich schaute Lisa in die Ferne. „Das ist so traurig, jedoch ist mir eigentlich egal, was sie mit ihren Leben anfangen und daraus machen, ich möchte nicht durch deren Fehler mein Leben, das mir geschenkt wurde, in Angst und Schrecken verbringen."

Sophia schaute den kleinen Falken erstaunt an: „Lisa, worin liegt dann dein Problem, dass du dich hier versteckst?"

„Mein Gott, Sophia, siehst du nicht, wie schrecklich alles ist da draußen, man bekommt ja Angst, wenn man sich nur in die Luft erhebt."

„Ich habe einen Spruch für dich, Lisa: Man sieht nur mit den Herzen gut, das Wesentliche ist für die Augen unsichtbar."

„Lass uns zusammen fliegen, ich zeige dir die Magie deiner Existenz, ich zeige dir die Wunder des Lebens. Schau genau hin, schau mit deinem ganzen Sein, schau mit deinem Herzen.“

Die Nacht war weit fortgeschritten und der Mond stand schon tief am Horizont, als Sophia und Lisa ihre Schwingen ausbreiteten und sich in die Lüfte erhoben. Erst drehten sie eine Runde über dem Wasserfall. Das Wasser glitzerte und in den Tropfen brach sich das Licht des Mondes und schimmerte in allen Farben des Regenbogens. Fische sprangen aus dem Wasser am Fuße des Falls. Hier und dort am Ufer des Sees sah man Rotwild, das sich erfrischte und vom kühlen Nass angezogen wurde. Sie flogen tief durch den Wald, überall war Leben. Fledermäuse flogen auf der Suche nach Nahrung um die Bäume. Spinnennetze glitzerten wie Juwelen im Mondlicht und kleine Bodentiere waren emsig auf Futtersuche.

„Schau genau hin, Lisa, schau sie dir an, jeder dieser Geschöpfe kämpft wie wir und trotzdem gehen sie ihren Weg weiter.“

Der Wald lichtete sich und sie flogen raus auf Felder und Wiesen. Am Horizont zeigten sich die ersten Verfärbungen des Morgens. Es war ein toller Anblick, ganz langsam zog sich die Sonne gen Himmel.

Lisa flog steil nach oben, in ihren Flügeln schimmerte das Licht der aufgehenden Sonne. Die Luft fühlte sich auf einmal so leicht an.

„Sophia – schau dort, auf der Wiese, so viele Farben ...“

„Ja, mein kleiner Falke, öffne dein Herz. Das sind Blumen und wenn du genau hinschaust, siehst du, wie emsig die Bienen ihren Honig sammeln. Wie der Blütenstaub in der Sonne aufsteigt.“

Sie flogen Richtung Stadt. Die ersten Häuser erschienen, die Schornsteine qualmten. Lisa schaute zwischen den Häusern und suchte, nur was, das wusste sie auch noch nicht. Plötzlich ging bei einem Haus die Tür auf. Was passiert da wohl?

Lautlos zeigte Sophia auf einen Baum in der Nähe. Sie landeten und beobachteten die Tür.

Ein kleiner Mensch, dick in eine Jacke eingepackt, mit roten Bäckchen und Tornister auf dem Rücken, erschien. Gefolgt von seiner Mutter, die ihn noch einmal liebevoll an sich drückte und ihm einen Schmatz auf die Stirn gab.

„Das", sagte Sophia, „das ist Mutterliebe."

Plötzlich jauchzte der kleine Kerl laut auf und rief: „Schau, Mama, dort auf dem Ast, was für schöne Vögel sind das."

„Ja, mein Kind, das sind die wahren Besitzer unserer Erde, heute ist dein Glückstag, denn nicht immer ist es gegeben, die Magie zu sehen, die diese Geschöpfe der Natur ausstrahlen."

Lisa lachte auf, ließ sich von dem Ast fallen und flog einmal um den Jungen herum. Dieser hüpfte vor Vergnügen und lief seinen Freunden entgegen, die die Straße entlang kamen.

Lisa und Sophia flogen Richtung Meer. Der Ozean schimmerte blau. Aus seinen Tiefen erhoben sich Delfine und sprangen vergnügt durch die Wellen. Ein Fischerboot dümpelte in den Wogen und der Fischer sang ein lustiges Lied und erfreute sich an seinem Fang.

„Siehst du nun, nicht alles ist schrecklich, zerstörerisch und hoffnungslos. Es ist alles eine Ansichtssache. Es kommt immer darauf an, wie du die Sache sehen willst. Du kannst das Leid der Welt nicht heilen, dazu ist dein Leben zu kurz. Doch du kannst dein Leben erleben, mit schönen Dingen, die du für dich wichtig hältst. Lass dich nicht von den dunklen Dingen beeinflussen. Flieg jeden Tag aufs Neue in die Lüfte empor. Genieße den Wind, wenn er durch deine Flügel streift. Sieh dir die Farben an, die die Welt für dich bereithält. Du allein entscheidest, was das Leben für dich bereithält, nicht andere. Lass dich nicht beeinflussen von negativen Dingen. Die wird es immer geben. Du kannst daran nichts ändern. So, und nun verlasse ich dich, mein kleiner Falke, flieg und jage und genieße jede Sekunde."

Lisa drehte sich im Flug zu Sophia um. „Danke, dass du mir mein Herz geöffnet hast. Ich sehe jetzt und ich verstehe, es ist wie der Phönix, der aus der Asche steigt. Auch wenn man nur noch Schreckliches und Dunkles sieht, gibt es ein Licht am Horizont. Und schaut man genau hin, erhebt es sich ..."

„Velut phoenix in cinere"

Lisa schwang sich in die Lüfte. Ganz weit oben am Horizont, unter weißen Wolken, sah man etwas glitzern in der Sonne. Wenn man genau hinsah, sah man ihn, meinen kleinen Falken, ein wunderschönes Geschöpf der Natur, einzigartig in seiner Art, und mutig genug, es mit seinem Leben aufzunehmen.

Nadeschda

Eisig wehte der Wind über die Antarktis. Um den kalten Böen zu trotzen, drängte sich eine Kolonie von Königspinguinen zusammen. Sofiya und Jesco, das Pinguinpärchen, standen dicht beisammen. Jesco schaute wie gebannt auf das Ei auf Sofiyas Füßen. Es bewegte sich, bekam Risse. „Schau, Sofiya", sagte er in Ehrfurcht, „unser kleines, sucht sich in der eisigsten Stunde einen Weg ins Leben."

Knack machte es und das Ei sprang auf. Klein, flauschig und mit großen Augen lugte das kleine Pinguinkind in die herzlichen Augen seiner Eltern.

„Du hast eine kleine Tochter, Jesco – schau, wie sie dem Wetter trotzt und sich den Weg ins Leben erkämpft hat", sagte Sofiya.

Jesco schaute in die Augen seiner Tochter. „Du, meine Tochter, sollst NADESCHDA heißen, das bedeutet Hoffnung, der Name soll dir Kraft geben, die Hoffnung im Leben nie aufzugeben."

Nadeschda schaute mit großen Augen ihre Eltern an:

„Was ist Leben?", fragte sie.

Sofiya und Jesco

Weisheit und Kämpfer

Sofiya schaute ihre Tochter an: „Das Leben ist und kann alles sein, Stärke und Schwäche, Erfolg und Misserfolg, lieben und trauern, lachen und weinen, Leben ist Hoffnung“, sagte Sofiya.

Die Tage vergingen und oft saß Nadeschda alleine auf den Eisklippen und schaute aufs Meer.

Sie verstand nicht, was ihre Mutter ihr damit sagen wollte. Leben, was ist das, es musste was Großes sein, wenn es so viel ist. Aber wo fand sie es. Wo versteckte sich das Leben?

Sturmvögel zogen ihre Kreise über den Ozean. Nadeschda schaute zu ihnen empor. „Hallo, ihr da oben, wisst ihr, was Leben ist und wo ich es finden kann? Ich bin ein Vogel, aber ich kann nicht fliegen. Ist das Leben bei euch im Himmel?“, rief Nadeschda ihnen zu.

Einer der Sturmvögel machte eine Drehung und flog auf sie zu. „Mein Name ist Liberio. Du hast so viele Fragen, doch wirst du nie auf alles eine Antwort bekommen. Schau dich um, beobachte, schau mit deinen Herzen und nicht nur mit deinen Augen. Die kleinen Dinge machen das Leben aus“, sprach Liberio und flog davon.

Nachdenklich stand Nadeschda auf und wanderte an den Klippen entlang.

Jesco sprang aus dem Meer und sah seine Tochter mit hängendem Kopf an der Kante der Eisscholle entlanglaufen. „Nadeschda!“, rief er.

Sie drehte sich um und rannte in die Arme ihres Vaters.

„Papa, was sind kleine Dinge?“, fragte sie. Jesco überlegte „Mm, kleine Dinge, mein Kind, komm mit, ich zeig sie dir.“

Sie gingen eine Weile, dann blieb Jesco stehen. „Schau über den Ozean – siehst du, wie die Sonne im Meer versinkt, wie der Himmel leuchtet und das Meer funkelt, lass uns den Augenblick zusammen genießen."

Als die Sonne versunken war, die Nacht erwachte, nahm Jesco seine Tochter in den Arm. „Verstehst du jetzt, Nadeschda? Das sind die kleinen Dinge – einfach schöne Momente!", sprach Jesco.

Liberio

Freiheit

Am nächsten Tag fegte ein Sturm über die Eisebene. Dicht an ihre Eltern gedrängt stand Nadeschda inmitten der Kolonie. Jesco schaute seine Tochter an: „Das, mein Kind, ist Gemeinschaft und Freundschaft, denn nur wir alle zusammen können uns vor dem Sturm schützen.“

Als der Sturm vorbei war, ging Nadeschda wieder zu ihren Eisklippen, wieder mal nachdenken. „Was ist das alles kompliziert“, dachte sie.

Plötzlich brauste das Meer auf und ein großes Walross erschien.

„Na, kleiner Pinguin – ich werde dich jetzt zum Frühstück verspeisen“, knurrte es.

Nadeschda wich erschrocken zurück. „Warum machst du mir solche Angst, ich bin noch zu jung zum Sterben“, fragte sie.

„Was ist ein Leben schon wert? Wenn es meinen Magen füllt hat es seinen Soll erfüllt.“

Nadeschda schaute auf die großen Zähne. „Ich weiß doch gar nicht, was Leben ist – woher soll ich den Wert eines Lebens kennen?“

Nachdenklich runzelte das Walross die Stirn: „Da ist was Wahres dran – dann soll es so sein, Kleine. Lerne erst einmal den Wert des Lebens kennen. Ein Frühstück, das seinen Wert nicht kennt, würde mir eh nur schwer im Magen liegen“, brummte es.

„Woher weiß ich, dass du mich nicht hinterrücks anfällst, wenn ich weggehe?“ fragte die.

„Meine Kleine“, lachte das Walross. „Das kannst du erst wissen, wenn der Augenblick vorüber ist. Leb wohl, kleine Nadeschda, und mein Name“, rief das Walross auf dem Weg zurück ins Meer, „mein Name ist Aman!“

Aman

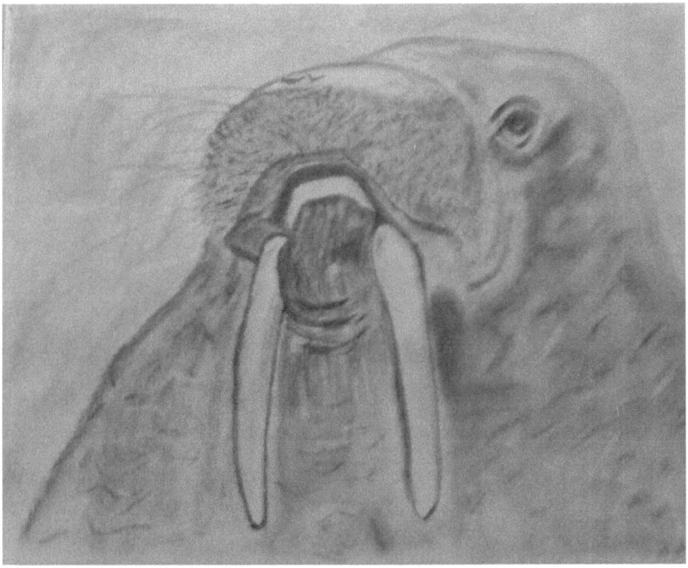

Vertrauen

Die Wochen vergingen, Nadeschda schwamm jetzt täglich mit raus ins Meer – spazierte über die Eisebene und suchte wie immer verzweifelt nach Antworten auf ihre vielen Fragen.

Als sie wieder einmal zum Fischen hinausschwamm, kam ihr etwas sehr Großes entgegen.

„Guten Tag, ich bin Nadeschda“, sagte sie „Wer bist du?“

„Ich bin Maisha, ich bin ein Wal.“

Nadeschda überlegte, was ihre Eltern ihr über Wale erzählt hatten … dass sie sehr alt werden und viele Kilometer weit unterwegs sind. „Sag mir, Maisha, du bist viele Jahre auf der Welt und du bist viel rumgekommen, kannst du mir sagen, was Leben ist und was es wert ist?“

Maisha lachte: „Ich bin Maisha – ich bin Leben!“

Mit großen Augen schaute Nadeschda den Wal an. „Du bist das Leben?“ Fasziniert von der Größe und Kraft war Nadeschda erstarrt.

Maisha schmunzelte: „So hat man es mir noch nie gesagt, es klingt als wäre ich etwas Besonderes, etwas Seltenes.“ Maishas Blick ging in die Ferne. „Du, Nadeschda, bist auch Leben – du suchst etwas, was in allen ist, auch in dir. Schau in dein Inneres, du bist Leben und du lebst das Leben. Wie viel Wert dein Leben hat, entscheidest du selbst. Lache das Leben an und es lacht zurück. Die schönen Momente, die du erlebst, sind Leben. Wenn du mal eine dunkle Stunde hast, lass nicht zu, dass sie dich einnimmt. Verbringe dein Leben nicht damit, Antworten zu suchen. Lebe es – denn du allein bist die Hoffnung. Du allein bist für dein Leben verantwortlich.“

Langsam schwamm Maisha davon.

Maisha

Das Leben

Nadeschda sah sich um … Die Sonne versank im Meer, um sie herum glitzerte das Plankton im Wasser. Es war wunderschön.

Ein Glücksgefühl strömte durch sie hindurch.

Da fing sie das Lachen an: „Ja ich hab‘s begriffen!“, rief Sie in die Tiefen des Ozeans.

Sie lebte und sie allein machte es lebenswert. Doch um den Wert zu erkennen, musste sie es erleben. Antworten suchen würde nichts bringen – das war verlorene Zeit.

Nadeschda schwamm nach Hause.

Die Kolonie stand zusammen auf der Klippe – ein Sturm zog auf.

Doch Nadeschda störte es nicht. Sie lachte.

Verwundert schauten ihre Eltern Sofiya und Jesco ihre Tochter an. „Warum lachst du?“, fragten sie.

Ich lebe“, hauchte Nadeschda glücklich.

Erklärung:

Nadeschda ist ein russischer Namen, die französische Ableitung ist Nadine. Ich habe ihr in dieser Geschichte starke Eltern zur Seite gestellt. Sofiya steht für Weisheit und Jesco für Kraft und Stärke.

Der Sturmvogel, dem sie begegnet, heißt Liberio, er steht für Freiheit. Das Walross bekam den Namen Aman – er bedeutet Vertrauen. Der Name Maisha steht für das Leben – da das Leben großartig sein kann, wählte ich den Wal.

„Erkämpfe dir die Freiheit – Vertraue dir selbst. Suche nicht nach Antworten, warum und wieso was war. Fange jetzt an zu Leben. Heute ist der erste Tag vom Beginn deines Lebens.“

LEBE

Der kleine Silberlöwe

Et paulo argentum leonis

Fortes Fortuna adiuvat
(Den Mutigen hilft das Glück)

Ganz langsam erhoben sich die ersten Sonnenstrahlen hinter den gewaltigen Bergmassiven der Rocky Mountains. Es war ein beeindruckendes Schauspiel. Ein paar wenige Wolken hingen tief in den Bergen, sodass man nur die Bergspitzen sah. Am Fuße der Berge erwachte das Leben. Allerlei Tiere schlüpften aus ihren Behausungen, Höhlen, Erdlöcher, Bäumen, um sich auf die Jagd zu begeben.

Ein neuer Tag begann und somit auch ein neuer Tag des Kreislaufes der Erde.

Gut versteckt zwischen dichtem Gebüsch lag eine kleine Höhle. Dort regte sich nun etwas. Zuerst sah man nur eine kleine schwarze Nase dann ganz vorsichtig schlich der kleine Puma aus seinem Nachtlager.

Er war gerade mal 20 Monate alt, gerade dem Nabel der Mutter entwachsen und nun ganz auf sich alleine gestellt. Sein Jagdinstinkt rief ihn – er musste auf Nahrungssuche gehen.

Überall um ihn herum erwachte das Leben, die Sonne malte bizarre Bilder an den Bergwänden in den unglaublichsten Farben von Wolken durchbrochen. Es war wieder ein wunderschöner Morgen, von dem der kleine Puma schon viele erlebt hatte – doch etwas war nun anders. Er war nun allein, seine Geschwister, mit denen er allmorgendlich herumgetollt hatte, waren nun auf der Suche nach ihrem eigenen Glück und Ziel des Lebens.

Mit einem tiefen Seufzer raffte sich der kleine Silberlöwe auf und begab sich auf die Suche nach seiner Bestimmung – seinem Leben. Er wusste, er würde es finden – irgendwann – der kleine Puma war ein Teil eines Ganzen und der Teil, der es komplett machte, war Emily, seine Seele, sein Herz. Doch noch wusste er es nicht, er war einfach nur einsam.

Er war ein Krafttier, ein Puma, auch Silberlöwe genannt. Ausgezeichnet durch seine Schnelligkeit und Wendigkeit, Führungskraft, Kraft, Findigkeit, Treue, Engagement und Mut.

Der kleine Silberlöwe streifte durch die Rocky Mountains, immerzu gab es was Neues zu entdecken. Er lag stundenlang auf einen Ast und beobachtete einfach nur, was so auf den Boden vor sich ging. Es faszinierte ihn alles. Es war irgendwie langweilig so alleine und er fragte sich, wo und was war sein Leben. War sein Leben diese Langeweile, alleine rumzuspazieren, oder gab es da noch mehr? Nur wie fand er dies heraus?

Nach einiger Zeit wanderte er weiter, er streifte durchs Tal, bis er plötzlich vor sich etwas sah, was er noch nie gesehen hatte.

Vorsichtig pirschte er sich heran. Auf einer Lichtung stand ein Tipi (ein Indianerzelt), davor brannte ein Lagerfeuer und ein sehr alter Indianer saß davor. Er schaute hoch, als er den kleinen Puma zwischen dem Binsengras sah.

„Sei gegrüßt, kleiner Silberlöwe, komm näher zu mir ans Feuer, ich habe schon lange auf dich gewartet", sagte er.

Der kleine Puma kam vorsichtig näher. „Hallo, woher wusstest du, dass ich deinen Weg kreuze?"

„Ich bin ein Schamane, ein Medizinmann, ich sehe und ich bekomme Hinweise von den Geistern, man nennt mich Tohon. Ich bekam schon vor langer Zeit die Aufgabe, dich hier zu erwarten."

Der kleine Silberlöwe schaute ihn mit großen Augen an. Er hat mich erwartet?, dachte er so bei sich. „Sag mir, Tohon, warum hast du auf mich gewartet?"

Tohon schaute ins Feuer … „Du bist auf der Suche nach deiner Bestimmung, nach deinem Leben, du bist ein wichtiger Teil in diesen Universum – geboren im Mond der Großen Winde. Du bist etwas Besonderes, einzigartig in deinem Wesen, und ich bin hier, um dir den Weg und die Erkenntnis zu zeigen. Du bist Emily – Puma – Silberlöwe – Krafttier, wenn du den richtigen Weg einschlägst wirst du ein ausgefülltes Leben erleben.“

Tohon richtete sich auf, er hielt einen großen Stab in den Händen und zeigte damit Richtung Himmel. „Aetas volat, Die Zeit vergeht schnell, spute dich, geh hinein in das Tipi und lege dich hin, finde dein inneres Ich und lerne aus deinen Träumen.“

Wie magisch angezogen schlich der kleine Puma in das Zelt.

Er wurde empfangen von Stille – ein leichter Nebel zog hindurch und ihn überkam eine Müdigkeit, sodass er sich direkt hinlegte, seinen Kopf auf seine Pfoten bettete und die Augen schoss.

Ihm war, als würde er schweben – vor ihm erstreckten sich hohe Berge die in einem türkisfarbenen Licht zu erglühen schienen. Es war wunderschön. Immer höher schwebte er hinauf. Ganz oben auf der höchsten Bergspitze sah er ihn, ein magisch schönes Geschöpf, mit ausgebreiteten Flügeln erwartete er den kleinen Puma.

„Willkommen in meiner Welt, ich bin Alain, ich bin dein Geisteradler. Deine türkisfarbene Aura bringt meinen Berg und mich zum Strahlen, frag mich alles, was du wissen möchtest, ich werde es dir gerne beantworten“, sagte der Adler.

„Sag mir, wie erreiche ich, dass ich ein schönes, ausgefülltes Leben erleben kann?“, fragte der kleine Puma.

„Dazu musst du dich erst einmal selbst kennenlernen.“

„Mich selbst kennenlernen?“, lachte der kleine Puma „Das ist witzig, ich kenn mich doch.“

„Du kennst dich, dann sag mir doch mal, wer du bist“, fragte Alain.

„Tja, ich bin ein Puma, ein Silberlöwe, das sieht man doch“, sagte der Kleine genervt.

„So, und wer bist du in dir drin …“, fragte Alain.

„Wie, in mir drin …“, fragte der kleine Puma.

Alain schaute ihn lange an. „Weißt du, erst wenn du wirklich weißt was und wer in dir steckt, kannst du deinen Weg finden.“

„Was magst du – genau, du, woran hast du Spaß, was berührt dich und was sind deine Gedanken, Ziele und Gefühle“, fragte Alain. „Nicht das, was andere von dir erwarten, sondern das, was du wirklich willst. Wenn du dir darüber im Klaren bist – und dich selbst gefunden hast und du dir treu bleibst, dann erst kennst du dich.“

Der kleine Puma schaute Alain an „Also, habe ich das richtig verstanden, ich kann nur ein schönes und erfolgreiches Leben erleben wenn ich mich gefunden habe?“

Was für ein Blödsinn, dachte sich der kleine Puma, mich selbst suchen.

„Lach nicht, kleiner Puma, ich versuche es dir mal einfacher zu erklären. Du bist geboren als Silberlöwe, Puma, ausgezeichnet mit Kraft, Schnelligkeit und Wendigkeit doch in dir steckt mehr – in dir steckt eine Seele. Du bist in eine Zeit rein geboren, in der viele nicht mehr mit dem Herzen sehen. Man wird geformt von Geburt an, muss den Weg gehen, den einem die Eltern und die Gesellschaft vorgeben, man wird in etwas reingepresst, was man selbst gar nicht tun will. Oft bleibt uns gar nichts anderes übrig, als da mitzumachen, doch was wirklich wichtig ist bei der ganzen Sache, das ist: Du darfst nie vergessen, wer du wirklich bist. Schau genau hin, ich möchte dir jemanden vorstellen …"

Der kleine Puma sah es nur flimmern und mitten zwischen den türkisfarbenen Wolken sah er einen ausgewachsenen Silberlöwen aufleuchten.

„Sei gegrüßt kleiner Silberlöwe, ich bin Regius. Vor vielen Jahren suchte ich den Geisteradler auf, um mich selbst zu finden, denn ich hatte mich verloren. Ich merkte, dass ich nur noch so war, wie mich andere haben wollten, dadurch war ich unzufrieden und unglücklich. Du bist wie ich im Mond der Großen Winde geboren, wir sind Pumas und auch wenn wir mal verloren gehen, finden wir uns immer wieder, solange wir nie vergessen, das zu tun und umzusetzen, was wir wirklich wollen. Du, kleiner Puma, lerne, setze dir deine Ziele und kämpfe darum, sie zu erreichen. Suche die Stille in dir und erfreue dich an den Sachen, die dir wirklich Spaß machen."

Der kleine Puma schaute Regius an „Sag mir, ist das Leben wirklich so schwer und kompliziert, wie es mir vorkommt?"

„Ja, mein kleiner – aber wir machen es selbst kompliziert, denn wir wollen allen gefallen und vergessen oft dabei, wer wir wirklich sind. Ich habe mich wiedergefunden und mir ist es jetzt egal, ob ich anderen gefalle oder nicht, wichtig bin ich mir. Klar hat man da nicht gerade viele Freunde, jedoch die, die man hat, sind wertvolle Gefährten, die mit einem durchs Leben gehen. Wenn du mal einen Rat brauchst, wende dich gerne an mich – wir Silberlöwen halten zusammen."

Langsam unter flimmern verschwand Regius.

Der kleine Puma schaute nachdenklich Alain an. „Weißt du, Alain, ich habe es verstanden, denke ich, ich muss noch viel lernen – doch das Wichtigste ist, dass ich lerne, dass ich einzigartig bin. Ich bin niemand anderes und auch nicht so wie ein anderer. Ich bin Emy, der kleine Puma."

„Ja, genau das ist es – wenn du das nie aus den Augen verlierst wirst du ein glückliches und erfolgreiches Leben erleben. Vergiss nie, wer du wirklich bist."

„Nun geh zurück, Tohon erwartet dich. Ich wünsche dir ein erfülltes Leben."

Alain erhob sich in die Lüfte, drehte noch ein paar Kreise und entschwand im türkisblauen Himmel.

Ganz langsam erwachte Emy. Er streckte und reckte sich und lugte durch den Zelteingang. Da saß Tohon am Feuer. Der kleine Puma ging auf ihn zu. „Ich hatte einen seltsamen Traum, von einem Geisteradler, der Alain hieß und von einem ausgewachsenen Silberlöwen, der sich Regius nannte."

Tohon schaute ihn an: „Und haben sie dir deine Fragen beantwortet?"

Lange schwieg der Kleine und starrte ins Feuer. „Ich denke mit der Zeit werde ich ihre Antworten verstehen. Noch ist alles ziemlich wirr, doch eines habe ich verstanden: Ich muss mich selbst finden und mich lieben lernen und mich so akzeptieren wie ich bin, nicht, wie mich andere haben wollen."

Tohon legte die Hand auf den Kopf des kleinen Silberlöwen: „So gehe hin, finde deinen Weg, sieh mit deinem Herzen und geh mit offenen Augen durchs Leben. Auch wenn dir Fehler passieren, denk immer daran, wieder auf deinem Weg zurückzugehen, höre nie auf zu lernen und höre nie auf, an dich zu glauben."

Lange überlegte Tohon, was er dem kleinen Puma noch mit auf den Weg geben könnte.

„Du bist im Mond der großen Winde geboren, zwischen dem 19.02 und dem 20.03. In unserer Indianischen Kultur ist das Totem (Sternzeichen) im Tierreich der Puma, auch Silberlöwe genannt. Der Türkis ist dein Totem im Mineralbereich und der Wegerich im Pflanzenreich, der zu den großen Heilpflanzen zählt. Pumas zählen zu den Königskatzen – und genau das sind sie auch. Emily ist deine Seele, dein Inneres und sie hat mit dir ein starkes Totem bei sich. Emily bedeutet die Sanfte, jedoch auch die Eifrige, und mit deiner Stärke und Wendigkeit gebt ihr ein gutes Team ab. Lernt voneinander denn ihr seid ein und derselbe – ein Silberlöwe."

Der kleine Puma setzte seinen Weg fort, ließ das Tipi und Tohon hinter sich. Ein paarmal schaute er sich noch um. Immer kleiner wurde das Feuer, bis es ganz verschwand. Er tollte durch den Canyon. Irgendwie war es ihm nun leichter ums Herz und er hatte ein Ziel, ein großes Ziel. Er wollte ein erfülltes, schönes Leben erleben …

ENDE

Andraia

Der große, starke Grizzlybär

Andraia, der alte Grizzlybär, saß im Yellowstone-Nationalpark an seinem Lieblingsplatz mit Blick auf den Lewis Lake.

Die Sonne stand schon sehr tief am Himmel. Ein letzter Strahl ließ etwas kleines purpurnes zwischen den Büschen aufleuchten. Langsam und vorsichtig schlich er näher. Er wusste sofort, was es war. Er kannte es aus seinen jungen Bärenjahren. Es war von den Menschen und es war das Paradies.

Verträumt legte er sich davor und stupste es mit einer Tatze an.

„Ich bin ein Grizzlybär", ging es ihm durch den Kopf. „Wir essen Beeren, Fisch und Fleisch, nichts Purpurnes." Das hatte ihm sein Vater stets gesagt.

Sein Blick hing gebannt auf dem kleinen Päckchen. Ihm lief der Sabber im Maul zusammen. „Na du, kleines Törtchen, willst du nicht fliehen? Ich bin ein gefräßiger Bär", knurrte er. Es bewegte sich nicht.

„Sch… Sch… husch, weg mit dir ..." Andraia schaute sich nach allen Seiten um, keiner da. „Weißt du, mein Törtchen", sagte er. „Ich bin stark und kann dir widerstehen."

Das olle Törtchen strahlte ihn in seiner ganzen Pracht an. Jetzt wurde er langsam sauer.

„Mach dich weg, verschwinde endlich", brüllte er und drehte sich um.

In sicherer Entfernung legte er sich hin, sein letzter Blick, bevor er in den Schlaf versank, galt der purpurnen Verpackung. Um seinen Kopf herum tanzten lila Törtchen, sein großer starker Grizzly-Körper lag in einen Bett auf Törtchen.

Plötzlich erklang Musik, verwundert horchte er auf. Aus den tanzenden Törtchen heraus kam eines auf ihn zu. Im Takt der Melodie bewegte es sich aufreizend und sinnlich.

Wie gebannt schaute Andraia auf die Ecke oben links. Ganz langsam, wie in Zeitlupe, tat sich ein Riss auf …

Das Törtchen schwebte näher und warf ein Stückchen Papier auf seine Nase. Andraia stöhnte auf. Dann drehte es sich um sich selbst und immer mehr von der zarten Versuchung kam zum Vorschein.

Andraia schloss kurz die Augen: „Ich verblöde“, dachte er, „da strippt ein Törtchen vor mir.“

Er schüttelte den Kopf, doch das Törtchen verschwand nicht. Es war jetzt voll in Aktion. Es drehte sich immer wilder, die letzte Hülle fiel …

Zart schmelzend und unvergleichlich süß in seinen Geruch, schwebte es näher.

„Na, du großer starker Grizzly“, hauchte es in sein Ohr, „bin ich nicht die zarteste Versuchung …“

Andraia lief der Speichel aus dem Maul, er schwitzte und stöhnte laut auf. Er hieb sich mit der Tatze auf die Nase. „Au.“ Er schoss hoch. Verwirrt schaute er sich um. Vor ihm lag das lila Papier.

„Wow, was für ein toller Traum!“

Dann schmatzte er, auf seiner Zunge lag ein zarter süßer schokoladiger Schmelz. Er schloss die Augen vor Genuss. Dieses Gefühl, diese Echtheit, diese Befriedigung war das Paradies. Er fing vor Glück das lachen an, dann tanzte er am Lewis Lake entlang und man hörte ihn singen:

„Versuchs mal mit Gemütlichkeit
Mit Ruhe und Gemütlichkeit
Jagst du den Alltag und die Sorgen weg.

Und wenn du stets gemütlich bist
Und etwas appetitlich ist,
dann nimm es dir egal von welchen Fleck.“

Gebt ruhig mal euren Versuchungen nach es wird euch nicht schaden.

Ende

FORDUNA VENTUS VALITUS

Das Glück ist bei den Starken.

Die Sonne lehrt alle Lebewesen die Sehnsucht nach dem Licht.
Doch es ist die Nacht, die uns alle zu den Sternen erhebt.

Am Horizont sah man die Sonne langsam versinken. Die Nacht übernahm die Herrschaft über die Erde. Das Dunkel legte sich über die Natur und eine ganz andere Welt als der Tag erwachte. Am Boden hörte man es rascheln, in der Luft regten sich so manche unheimlichen Geräusche. Der Mond strahlte umgeben von einem Sternenzelt und legte das Leben der Nacht in ein widernatürliches Licht.

Hier, mitten im heimischen Wald, da, wo die Fauna am dichtesten ist, die Luft am feuchtesten vom Wasser das dem Berg herunterstürzte, hier verschlief Malu den strengen Winter.

Kaum versank die Sonne am Horizont öffnete er seine Augen und streckte seine Flügel. Die Welt stand Kopf – wie jeden Abend, wenn er erwachte. Dieser Tag jedoch war etwas Besonderes – denn die ersten Boten des Frühlings zeigten sich. Die langen Monate des Winters waren vorbei. Lange hatte er geschlafen, dem kalten Winter getrotzt – hier in den Höhlen des Berges.

Wer ist Malu?, wollt Ihr sicher wissen. Malu ist eine Fledermaus.

Er streckte sich und ließ sich fallen, um gleich darauf in die Luft aufzusteigen. Er mobilisierte all seine Kräfte und flog hinaus in die Nacht, um Nahrung zu suchen, seine verbrauchten Kraftreserven des langen Winterschlafes wieder aufzubauen.

Wie ein Schatten flatterte er durch die Nacht. Hier und da schnappte er sich einen Falter, der sich herauswagte. Immer weiter flog er durch den Wald hin zu den Lichtern in der Ferne.

FREUNDSCHAFT

Das kleine Dorf lag inmitten einer großen Waldlichtung. Es waren nicht viele Häuser, nur wenige, jedoch gab es Lichtquellen und die suchte Malu. Denn er wusste, wo Licht in der Nacht war, waren auch Insekten und die brauchte er, um seinen durch den Winterschlaf entstandenen Energieverlust wieder aufzubauen. Sein hoch entwickeltes Ortungssystem, das wie Ultraschallwellen funktionierte, zeigte ihm an, in welche Richtung er fliegen musste.

Das erste Haus kam in Sicht, ein kleines Bauernhaus am Rande des Dorfes. Vorn unter dem Giebel zog sich ein Balkon entlang, mit großen Balken, und in den Balkonkästen waren schon die ersten Frühlingsboten gepflanzt. Was Malu jedoch anzog, war das Glitzern, das aus dem großen Balkonfenster schien. Es sah aus wie tausende Sterne an einem Fleck. Er flog darauf zu … zu neugierig, um der Sache nicht nachzugehen.

Die Balken des Giebels waren wie geschaffen für Malu. Er hängte sich kopfüber an den vordersten Balkon, sodass er durch die Scheibe in das Zimmer sehen konnte. Erst sah er nicht viel, denn es glitzerte vor seinen Augen. Dann jedoch nahm er einzelne Dinge zur Kenntnis.

In der Mitte des Zimmers stand ein kleines Bett, Die Wände waren mit Regalen mit Büchern und Tierfotos des Waldes dekoriert. Es war fast jedes Tier des Tages und der Nacht vertreten.

Plötzlich öffnete sich die Zimmertür und eine Frau kam in das Zimmer, nahm ein Buch vom Regal und setzte sich auf das Bett. Erst jetzt sah Malu, dass in dem Bettchen ein Kind lag. Es war noch jung und die Frau, wohl die Mutter, schlug nun das Buch auf und fing das Lesen an.

Gebannt hörte Malu zu, als die Geschichte des Kleinen Muck begann. Als die Geschichte endete, drückte die Mutter dem Kind einen Kuss auf die Stirn und ging mit Tränen in den Augen aus dem Zimmer.

Malu war irritiert, warum weinte die Mutter? Es war eine schöne Geschichte mit Happy End und die Kleine schien eingeschlafen zu sein. Er wagte es, sich durch das gekippte Fenster zu schlängeln, und flatterte zu dem Bettchen hin, das wie ein Himmelbett mit einen Rahmen aus Balken umgeben war, an die er sich gut hängen konnte. Was er sah, waren goldgelockte Haare und eine kleine Stupsnase die unter der Decke aus blauen Sternenstoff hervorschauten. Ein kleines Mädchen.

Er baumelte am Balken herum, als sich plötzlich die Augen des Mädchens öffneten und ihn direkt anschauten. Wie zwei große Saphire schauten sie ihn an.

Ups …er wurde entdeckt – was nun? Einfach weiter rumhängen oder flüchten? Irgendetwas in seinem Inneren hielt ihn davon ab zu flüchten. So setzte er ein Lächeln auf und linste hinter seinen Flügeln hervor: „Hallihallo."

Das Mädchen starrte ihn mit großen Augen an. „Wer und was bist du, so etwas wie dich habe ich noch nie gesehen?"

„Ich bin Malu, eine Fledermaus."

„Fledermaus? Ich kenne viele Tiere, aber dich kenne ich nicht. Bist du etwas Besonderes?"

„Besonderes – das klingt gut – vielleicht bin ich das, aber es gibt viele von meiner Gattung. Vielleicht sind wir, weil wir im Dunkeln leben, nicht so bekannt. Viele Menschen haben Angst vor uns, da sie uns mit Dracula vergleichen und somit redet niemand gerne darüber, dass es uns gibt."

Das Mädchen schaute erstaunt: „Dracula? Meine Mutter sagte mir mal das das keine Geschichten für mich wären, da ich noch zu klein dafür bin."

Malu schaute das Mädchen an: „Wie heißt du?" fragte er.

„Ich heiße Selena und bin 6 Jahre alt."

„Hallo Selena, du hast ein hübsches Zimmer, doch bei all den Tierfotos an der Wand fehlt ein Foto von mir."

Selena lachte: „Ja, du hast recht, ich werde morgen gleich meine Mutter bitten, mir eines zu besorgen … Eine Maus mit Flügeln sagtest du, bist du?"

„Sehr witzig – ich bin keine Maus – ich bin eine Fledermaus", lachte auch Malu. „So kleine Serena ich muss nun los – die Nacht ist meine Zeit, doch, wenn ich darf, werde ich dich morgen Abend wieder besuchen, lass nur das Fenster ein Stückchen offen für mich."

Selena schaute Malu an. „Ja, das würde mich freuen, komm mich besuchen, jeden Abend, wenn die Nacht erwacht."

Schwupp und Malu flatterte in die Nacht hinaus.

ERKENNTNIS

Am nächsten Abend konnte Malu es gar nicht erwarten, wieder zu seiner kleinen Freundin zu kommen. Er schnappte sich auf dem Weg einige Insekten und flog geradewegs wieder zu dem Balkon.

Er kam gerade rechtzeitig, um noch die Geschichte des kleinen Maulwurfes zu hören. Wie am Tag davor gab ihre Mutter Selena einen Kuss und mit Tränen in den Augen wandte sie sich ab und verließ das Zimmer.

Flugs flatterte Malu ins Zimmer und hängte sich baumelnd ans Bett. „Huhu, da bin ich."

„Hallo Malu, ich habe dich schon erwartet und schau, ich habe jetzt auch ein Foto von dir an der Wand.“ Mühsam setzte sich Serena im Bett auf. Malu bestaunte das Foto, ja, es sah ihm ähnlich.

„Sag mal, Serena – warum weint deine Mama immer, wenn sie das Zimmer verlässt? Die Geschichten sind doch sehr schön und nicht traurig.“

Serena schaute Malu lange an. „Malu, meine Mama ist traurig, weil ich krank bin.“

„Krank? Aber du siehst doch so gesund aus. Was hast du?“

„Ach, Malu, ich wünschte, ich würde meiner Mama ein Lächeln auf‘s Gesicht zaubern und nicht Tränen in die Augen, ich habe …“ Serena stoppte mitten im Satz. „Nein – ich werde es dir nicht sagen, so kannst du mich auch nicht bemitleiden und ich will auch keine Tränen in deinen Augen sehen, ich möchte gerne mit dir lachen und ich möchte, dass du mir alles erzählst, was du über den Wald und die Tiere, das Leben und die Freuden und Schönheiten weißt.“

Malu schaute sie lange nachdenklich an: „Nur eine Frage noch dazu – ist es schlimm?“

„Schlimm für Mama … schlimm für mich – ich weiß es nicht – es ist mein Schicksal, ich möchte nicht traurig sein, ich möchte nur so viel kennenlernen, wie möglich ist.“

„Ok, was möchtest du wissen, doch ich kann dir nur etwas über die Nacht und ihre Schönheiten erzählen, denn den Tag kenne ich nur von Erzählungen.“

Freudig strahlte Serena ihn an: „Erzähl mir von der Nacht, vom Mond, von den Tieren, von der Stille und den Gefahren, von den Sternen und vom Dunkel, das doch hell erscheint.“

„Wow, das ist eine ganze Menge – einfacher wäre es, ich könnte es dir zeigen.“

„Erzähle es mir, ich werde die Augen schließen und mich mit deinen Worten in die Welt entführen lassen.“

DIE NACHT

Malu baumelte am Bett und überlegte: „Schau durch meine Augen – die Sonne versinkt wie ein glutroter Ball am Horizont, wenn die Nacht erwacht. Nur wenige Augenblicke ist die Welt in ein Meer aus leuchtenden Farben getaucht, bis der Mond erscheint, der das Licht in eine dunkle, jedoch helle Welt verwandelt. Es ist die Zeit, in der die Blumen ihre Kelche schließen, um zu ruhen. In der die Tiere des Tages sich in ihre geschützten Bauten zurückziehen, um sich vor den Gefahren der Nacht zu schützen. Es ist die Zeit, in der ich und meine Brüder und viele Tiere der Nacht erwachen. Die Zeit, in der strahlende Dunkelheit zum Licht wird. Die Sonne senkt sich glutrot am Horizont herab. Es ist ein Naturschauspiel in dem Moment, wenn sich die letzten Strahlen in den Wald durch die Äste ergießen. Kurz bevor sie ganz versinkt, zeichnet sie die Bäume in bizarren Leuchten. Stellenweise denkt man, der Wald brennt. Mit etwas Fantasie und wenn du genau hinschaust, siehst du, wie die Strahlen Symbole formen. Das kann ein Herz sein, ein Feuerschweif, alles, was du eben sehen willst. Und jetzt lass uns zusammen fliegen ...“

Selena schloss die Augen und hörte Malu zu … es war ihr, als fliege Sie mit ihm durch die Nacht.

DER FLUG

Die Nacht war kühl, als sie zusammen über den Wald flogen. Unter ihnen erwachten die Nachttiere zum Leben.

Insekten, Nachtfalter flatterten umher und am Horizont sah man die Sonne versinken.

„Dies ist mein Reich und das vieler anderer Tiere. Die Menschen sehen die Schönheit der Natur und ihren Glanz nicht mehr – sie haben nur Konsumdenken und zerstören unseren Lebensraum, der auch ihrer ist – das sehen sie nicht.

Schau, nimm den Wald, die Bäume, gigantische Riesen mit der Erde verwurzelt und doch reichen sie bis zum Himmel und recken ihre Äste dem Firmament entgegen. Sie filtern die Luft mit ihren Blättern und Nadeln und mit ihren Wurzeln lockern sie die Erde, um das Wasser aufzunehmen und um kleinen Tieren einen Unterschlupf zu bieten, unter der Erde wie in ihren großen Baumkronen. Ich liebe die Bäume – sie sind starke Riesen und viele werden Uralt – sofern sie nicht vom Menschen zerstört werden. Es gibt nur einen einzig wahren Feind der Bäume und der Natur – den Menschen."

Nachdenklich flogen sie durch den Wald. „Halt, so wartet doch. Malu, willst du mir nicht guten Abend sagen?", erklang es aus dem dicken Geäst.

Malu flog einen Bogen und landete auf einem großen Ast, vor ihm saß eine große Eule. „Guten Abend, Sophia, auch schon wach."

„Ja, Malu, die Nacht ist zu schön, um sie nicht voll auszunutzen. Sag mir, wer ist deine kleine Freundin hier?"

Malu streckte die Hand nach Selena aus. „Das ist Selena, ich zeige ihr die Nacht."

Sophia schaute ganz tief in Selenas Augen. „Hallo Selena, du bist ein Kind des Mondes und deine Seele ist rein, du wirst es schaffen denn:

FORDUNA VENTUS VALITUS

Das Glück ist bei den Starken.“

Selena schaute die Eule an und sah in die Tiefen ihrer großen Augen – sie sah die Weisheit darin und das große Wissen des Lebens.

„Hallo Sophia, schön, dich kennenzulernen, ich bin nur ein kleines Kind, dessen Lebenszeit begrenzt ist.“

„Begrenzt ist jede Lebenszeit, sogar die der Bäume und der Welt – wichtig ist, was man aus der Lebenszeit macht, egal, wie kurz oder lang sie ist. Schöpfe alles aus – nimm jedes Wissen mit – erlebe die Lebenszeit, die du hast“, sagte Sophia.

Malu schaute Sophia lange an: „Kannst du Selena etwas über die Nacht erzählen, über die Schönheiten der Dunkelheit?“

„Ja, das kann ich – macht es euch gemütlich und ich fange zu erzählen an.

Es ist wie das aufatmen der Natur, wenn sich die Dunkelheit über die Erde senkt. Viele haben Angst vor der Dunkelheit, jedoch ist es relativ denn es ist nicht ganz dunkel – es ist Licht im Dunkel – der Mond und viele Sterne erhellen die Nacht und machen die Dunkelheit zu einen bizarren Tagesteil. Viele Menschen fürchten sich vor der Dunkelheit – doch was sie wirklich fürchten, ist nicht die Dunkelheit, sondern die Schwärze darin, denn sie haben vergessen, wie man sieht.

Schließ deine Augen und stelle dir den leuchtenden Mond vor, wie er zwischen den Bäumen strahlt – sieh die hellen

Sterne, die den ganzen Himmel erleuchten, und nimm das Licht im Dunkel wahr.

Nun öffnet eure Augen wieder – und was seht ihr?“

Malu und Selena schauten sich an. „Ich sehe keinen Unterschied zu geschlossenen und offenen Augen, es ist in jeder Form Licht im Dunkel“, sagte Selena.

„Siehst du, solange Licht in dir ist, wirst du nie die Schwärze der Dunkelheit sehen. In uns ist die Kraft, durch unsere Vorstellungen, Gedanken und tief in unserer Seele alles so zu sehen, wie wir es wollen und wie es wirklich ist. Du, Selena, hast soviel Licht in dir, das Licht der Dunkelheit – den Mond.“

„Sag Sophia, du bist so schlau – wie kann ich meiner Mama wieder ein Lächeln auf ihrem Gesicht schenken?“

Sophia schaute Selena an: „Zeig ihr das Licht der Nacht – denn sie hat die Augen geschlossen und sieht nur Schwärze.“

Malu und Selena verabschiedeten sich und flogen zurück.

„Weißt du, Malu – Sophia ist sehr schlau und ich werde meiner Mama morgen Nacht zeigen, dass auch Dunkelheit strahlen kann.“

Der Tag brach herein. Malu flog hoch zwischen den Balken und hängte sich an einen Balken um den Tag zu verschlafen und um in der Nähe seiner Freundin zu bleiben.

SCHICKSALSFÄDEN

Malu lugte durch seine Flügel, er streckte sich und erhob sich in die Lüfte. Ein neuer Abend brach an. Schwupp, fing er sich ein paar Falter und schon ging es zu Selena. Vor dem Fenster schaute er hinein. Selenas Mama saß an ihrem Bett und diesmal las sie keine Geschichte, sie hörte Selena zu. Selena erzählte von den Bäumen, von Sophia, der Eule, von der Schönheit der Nacht. Nach einer Weile stand ihre Mutter auf, deckte sie zu und gab ihr einen Kuss auf die Stirn.

„Schlaf, mein Schatz, und träum von deinen Freunden.“

Als die Mutter mit einem Blick zurück das Zimmer verließ, sah Malu ein kleines Lächeln auf ihrem Gesicht.

„Komm rein, Malu – fix, ich möchte wieder mit dir fliegen.“

Das ließ sich Malu nicht zweimal sagen und schon hing er an ihrem Bettpfosten.

„Dann komm, schließe deine Augen und wir brechen auf, heute Nacht zeige ich dir, was unter der Erde ist.“

Der Flug ließ sie über eine große Blumenwiese gleiten – die letzten Blumen schlossen gerade ihre Kelche. Hier und da ging ein kleines Beutetier auf Nahrungsfang. Es war ein schöner Anblick – die Stille, die sich mit der Nacht herein senkte.

Am Waldrand machte er einen Bogen und flog zwischen großen Bäumen hindurch. Vor ihm lag ein See mit einem Wasserfall der von hohem Gestein herunterstürzte.

„Schau, dort oben, vor uns, da fliegen wir hinein.“ Kaum hatte er das gesagt, ging es durch eine kleine Ritze ins Innere des Berges.

Malu flog tief in den Berg, bis er zu einem Höhlenraum kam, der wie eine Halle erschien und voll mit Bergkristallen war. Er suchte ein Plätzchen auf einen Vorsprung und ließ sich mit Selena darauf nieder.

„Schau, Selena, auch hier, tief unter der Erde ist Licht – schau, wie die Kristalle leuchten, schau dir die Schönheit an, die dieses Naturwunder von sich gibt.“

Malu lauschte ... „Mirko!“, rief er und der Hall kam zu ihn zurück. „Mirko, wage es nicht, meine Freundin zu erschrecken.“

Selena schaute angestrengt in die Höhle. Plötzlich, genau vor ihren Augen, seilte sich eine Spinne ab, sie schwankte etwas hin und her.

„Hallo, ihr zwei – ich bin Mirko“, stellte sie sich vor. „Ich lebe hier und es ist schön, dass ich Besuch bekomme.“

„Mirko, das ist meine Freundin Selena. Ich zeige ihr die Nacht“, sagte Malu.

„Ja, ich weiß, ich habe gestern Sophia getroffen und sie erzählte mir von deiner kleinen Freundin – auch ich kann dir etwas über das Dunkle erzählen wenn du magst.“

Selena schaute Mirko an und sagte: „Ja gerne würde ich deine Geschichte hören und auch etwas über dich erfahren.“

„Na, dann macht es euch mal bequem. Schließt eure Augen und hört mir zu. Schaut mit eurem Herzen. Hier, mitten im Berg, tief unter der Erde, ist mein Lebensraum. Ich bin ein Krafttier, genau wie Sophia und Malu. Ein Nachttier, das gerne im leuchtenden Dunkel lebt.“

Selena stutzte „Was ist ein Krafttier?“

„Ich bin eine Spinne, von uns sagt man, wir sind die Weber der Zeit, wir weben den Schicksalsfaden und es liegt an dir, dich deiner Bestimmung zu entsinnen, damit du auf den Lauffäden im Leben vorwärts kommst und nicht auf den klebrigen Fäden hängenbleibst.“ Mirko überlegte: „Auch Namen sagen viel aus – mein Name bedeutet Friede und Ehre, zwei Dinge, die sehr eng mit den Schicksalsfäden zusammenhängen.“

„Und Sophia?“, fragte Selena

„Sophia ist eine Eule – eine Jägerin der Nacht, sie durchdringen den Schleier und erhellen das Dunkel. Das Krafttier Eule hilft uns, durch Selbsterziehung Klarheit zu gewinnen und unsere Beobachtungsgabe zu schärfen. Sie unterstützt bei der Bewältigung verborgener Ängste. Eulenenergie bringt Kraft in unruhigen Zeiten und vertreibt die dunklen Schatten der Seele. Schon Sophias Name sagt alles, er bedeutet Weisheit."

„Jetzt hast du mich neugierig gemacht – was ist mit meinem Freund Malu, ist er auch etwas Besonderes?"

„Naja", lachte Mirko, „Malu ist nur eine Fledermaus, jedoch steht er für Wiedergeburt, für Unendlichkeit und sein Name steht für Frieden und Ruhe. Er ist der Beschützer der Seele."

Selena knuffte Malu in die Seite – „Ha, ich wusste doch, dass es mein Schicksal war, als du zu mir kamst. Sag mir, Mirko – hat mein Name auch eine Bedeutung? Ich bin nur ein Mensch, aber vielleicht habe ich ja einen starken Namen bekommen?"

„Selena, du – dein Name steht für das Licht im Dunkeln, für den Glanz der Nacht – du erhellst die Finsternis … Du bist ein Mondkind.

So, jetzt habe ich genug erzählt, jetzt muss ich meine Netze weben und für euch wird es Zeit, zurückzufliegen. Denk immer daran, Selena, alles hat eine Bedeutung und überall ist Licht."

Malu flog durch dunkle Gänge Richtung Ausgang.

„Malu, hier ist es aber dunkel, wo ist das Licht?"

„Warte, Selena – schau nach vorn, da ist der Höhleneingang. Siehst du das Nachtlicht herein strahlen? Es gibt immer Licht am Ende des Tunnels."

Selena schlief tief und fest mit einem Lächeln auf den Lippen, als Malu sich für den Tag zurück zog.

Die Wiedergeburt

Malu erwachte und sein Herz raste – was war los? Er flog schneller als sonst, um seine Nahrung zu suchen, und prallte fast gegen die Scheibe, als er auf dem Balkon landete.

Das Zimmer war hell erstrahlt – es ging ein Licht davon aus, das alles in den Schatten stellte, was er bis jetzt gesehen hatte.

Neben ihm landete lautlos Sophia und von unten krabbelte Mirko herbei.

„Es ist so weit", flüsterte Sophia, „unser Mondkind wird wiedergeboren."

Das Fenster ging auf und mit Tränen in den Augen, aber einem Lächeln auf dem Gesicht winkte Selenas Mutter ihre Freunde hinein.

„Schaut sie euch an – sie hat mir von euch erzählt, von der Kraft der Weisheit, ihrem Schicksal und ihrem Frieden und von dem Licht, das die Dunkelheit erhellt. Mein Mondkind ist mit einem Lächeln auf den Lippen und Friede in ihrem Herzen eingeschlafen. Sie gab mir so viel und ihr gabt ihr Hoffnung. Schaut hoch in den Himmel – sie ist bei uns, immer in unseren Herzen, und sie erhellt die Dunkelheit in uns und um uns rum. Danke."

Malu flog dem Mond entgegen er hatte Tränen in den Augen und doch musste er lächeln. Plötzlich sah er vor sich einen kleinen Lichtpunkt aufleuchten. Ein Glühwürmchen streifte seine Flugbahn.

„Hallo, Malu, mein Name ist Selena – willst du mein Freund sein?“

-ENDE-

Anhang:

Sie soll euch nicht traurig machen, die Geschichte von Selena – denn sie lebt weiterhin unter uns – so wie jeder lebt auf die eine oder andere Art.

Geht mit offenen Augen durch die Natur – habt einen Blick für die Tiere und Pflanzen, denn wir wissen nicht, wessen Seele sich darin verbirgt.

FORDUNA VENTUS VALITUS

Das Glück ist bei den Starken

Malus Suche nach Stille

Wer allein mit einsam verwechselt, der hält auch Stille für lautlos

Die Dämmerung setzte ein. Blutrot färbte sich der Horizont, als die Sonne langsam versank. Licht und Schatten entstanden bizarr zwischen den Bäumen, dort, wo sich das Abendlicht brach.

Es war die Zeit, in der Malu erwachte. Wer Malu noch nicht kennt – Malu ist eine Fledermaus, eine besondere Fledermaus.

Er flatterte wild umher, erhaschte ein paar Insekten und erfreute sich an dem Schauspiel der untergehenden Sonne. Der Wald war sein Revier – in den Nächten besucht er die Wiesen und Ebenen im Umkreis, auch den Dörfern und Städten stattete er manchmal einen Besuch ab. Wie er gerade Lust hatte. Immer auf der Suche nach einer Seele, die ihn ansprach.

Als er heute so durch den Wald flatterte, sah er plötzlich auf einem Ast einer großen Eiche ein kleines Eichhörnchen sitzen mit dem Schwanz über den Ohren. Neugierig, wie Malu war, flog er darauf zu und hängte sich an den oberen Ast. Er baumelte somit genau vor der Nase des Eichhörnchens.

„Huhu, ich bin Malu. Warum sitzt du hier so traurig rum und steckst nicht in deinem Koben.“

Das Eichhörnchen nahm den Schwanz von seinen Ohren und schaute Malu mit großen Augen an. „Hallo Malu, ich bin Saira und du hast mich an einem megaschlechten Abend erwischt, ich bin voll genervt.“

„Warum?“, fragte Malu. „Was ist los mit dir, es ist ein so schöner Abend, die Welt war gerade in ein wunderschönes Licht getaucht und du bist genervt, das musst du mir erklären.“

Saira seufzte auf, es war einer dieser herzzerreißenden Seufzer.

„Weißt du Malu, wir haben unsere Koben am Waldrand und auch im dichten Wald, es ist sehr schön da, viele Bäume, viele Tiere, meine Freunde, doch ... der Lärm ist einfach nervig, er macht mich aggressiv ich möchte schreien, es nervt mich einfach."

Malu dachte darüber nach. „Was für einen Lärm meinst du?"

„Na den Lärm der Menschen, nie sind sie still, immer Lärm, Autos, Telefone klingeln, Züge flitzen sogar Nachts rum, Fabriken, Reklametafeln, Flugzeuge am Himmel, Musik aus Radios und Fernseher, ich höre sogar den Strom in den Oberleitungen summen. Malu, wann hast du den letzen Menschen gesehen, der ohne zu telefonieren oder Musik zu hören oder endlos zu quatschen durch unseren Wald lief?"

„Saira, das ist eine gute Frage und wenn ich darüber nachdenke, muss ich dir recht geben, es ist keine Stille mehr. Die Stille der Natur wird überdeckt von dem Lärm der Menschen. Weißt du, ich glaube, dass die Menschen es nicht mal merken, wie laut ihr Leben ist."

„Eben, Malu, die sind alle schon schwerhörig und für mich total beschränkt, weil sie keine Stille mehr kennen, mich macht dieser Lärm aggressiv und ich habe ständig Kopfweh. Warum gibt es keinen Schalter, um das abzustellen?"

Malu überlegte: „Mmmh, weißt du was, wir besuchen Mirko, die Spinne, und fragen mal nach, ob er eine Lösung weiß."

Malu und Saira machten sich auf den Weg zu den Höhlen mitten im Wald. Sie huschten hinein, den Tunnel entlang auf der Suche nach Mirko.

Traumweben

„Mirkooooo, wo steckst du wieder, wir brauchen deinen Rat!“, schrie Malu in die Höhle hinein.

„Was brüllst du so, ich komme ja schon …“ Mirko seilte sich herab und baumelte an seinem Faden hin und her. „Sucht euch ein Plätzchen und macht es euch bequem. Ich freue mich immer über Besuch.“

Saira kletterte auf einen Felsvorsprung und Malu dappelte mit hinter sich her schleifenden Flügeln davor hin und her.

„Mirko, hör bitte mit dem hin und her Gebaumel auf, du machst mich ganz kirre, die Lage ist ernst, wir müssen eine Lösung finden.“

Mirko schüttelte den Kopf. „Malu, jetzt erst mal langsam und pass auf, dass du dir deine Flügel nicht abschleifst, was ist denn los?“

„Lärm, viel Lärm, die Stille der Natur ist weg“, sagte Malu.

„Die Welt wird immer aggressiver, ich sage dir, das ist der Lärm, der künstliche Lärm, wir brauchen dringend eine Lösung, wir brauchen die Stille zurück, die Stille der Natur“, ergänzte Saira

Mirko schaute die beiden lange an, er fing an, wieder hin und her zu baumeln, dabei verdrehte Malu nur die Augen.

Er flüsterte Saira zu: „Mirko denkt nach, das kann er nur, wenn er rumbaumelt, als wenn man bei solchem Geschaukel was vernünftiges denken kann.“

Saira lachte und schüttelte den Kopf.

Plötzlich stoppte Mirko. „Ha, ich hab‘s ...“ Er schaute Saira an. „Du, wirst uns die Stille zurückbringen.“

„Ich!“ Saira schaute Mirko und Malu verdattert an: „Wie bitteschön soll ich das machen, soll ich zu den Menschen gehen und alle Stromleitungen durchnagen, Autokabel anknappern oder soll ich ihnen als eine Art Geist Nachts ins Ohr flüstern: Hallo, ihr da, macht mal alles aus, die Natur braucht Ruhe.“ Saira schüttelte den Kopf und schaute beide entsetzt an.

„Nein Saira, du wirst auf Reisen gehen, auf eine spirituelle Reise, du wirst die Stille suchen und zurückbringen, denn du bist das Krafttier Eichhörnchen, dem man nachsagt, dass es Wünsche in die Tat umsetzt und einen Traum erfüllt und dein Name bedeutet Die Reisende also optimal für die Rolle. Ich werde die Stille, die du mir bringst, als Traum für die Menschen weben, denn ich bin das Krafttier Spinne, ich halte die Schicksalsfäden in der Hand und mein Name bedeutet Friede und Malu wird als Krafttier Fledermaus, die für die Unendlichkeit steht und dessen Name die Ruhe verkörpert, den Traum mit der Stille in die Seele der Menschen bringen. Wir drei zusammen werden die Stille der Natur wiederfinden und sie den Menschen wieder lehren.“

Alle drei schauten sich an, jeder dachte das Gleiche. Gemeinsam werden wir es schaffen, denn gemeinsam ist man stark.

Mirko webte ein dichtes Netz wie eine Hängematte und forderte Saira auf, sich hineinzulegen.

Als sie es sich bequem machte, kam Malu heran, flatterte über Saira und faltete seine Flügel wie einen Schirm über sie.

Mirko krabbelte herbei. „So, Saira schließe die Augen, ich schick dich nun auf die Reise, suche Antworten und übermittle sie mir, dass ich den Traum weben kann, suche die Stille, dass sie wieder zu uns zurückkommt.“

Saira schloss die Augen. Malu fing ganz leise mit seinen Ultraschalltönen zu summen an und Saira fiel in den Nebel der Entspannung und des Friedens. Durch bunte Lichtwirbel hindurch fiel sie in zeitlosen Raum.

Saira öffnete die Augen und schaute sich um. „Wo bin ich hier wohl gelandet und wie sucht man Stille?“, fragte sie sich.

Sie lag am Strand, hinter sich hörte sie das Rauschen der Wellen, vor sich sah sie den Wald, aus dem viele verschiedene Vogellaute erschallten. Es war eine beeindruckende Natur, die sich ihr nach allen Seiten eröffnete.

Malu konnte ihr jetzt nicht helfen, denn Malu war ein Nachttier und es war heller Tag. „Naja, er wird mich schon finden“, dachte Saira. „Also dann mal los, ich habe eine Mission und ich werde sie erfüllen,“ dachte sie sich und hüpfte los den Strand entlang.

Der Klang der Wellen

Plötzlich bewegte sich der Sand vor ihr: „Au, hey, lass mich los ...“ Irgendetwas zwickte sie in die Pfote. Als sie schaute, sah sie ein komisches Tier, das mit einer Art Zange in ihrer Pfote klebte.

„Hey, was machst du, halte mich nicht auf, ich bin in einer wichtigen Mission unterwegs“, sagte Saira

„Wichtige Mission? Was für eine Mission? Ich liebe Missionen? So sag doch schon …“, fragte sie das komische Geschöpf.

Saira setzte sich in den Sand. „Erst mal Guten Tag, soviel Zeit muss sein. Ich bin Saira und ich bin auf der Suche nach der Stille. Denn die Menschen mit ihren künstlichen Geräuschen kennen die Stille der Natur nicht mehr, eigentlich kennen sie gar keine Stille mehr.“

„Guten Tag, Saira, ich bin Kaami, ein Einsiedlerkrebs, ein Krustentier aus der Urzeit, ein Seitwärts- und Rückwärtsläufer …"

„Stopp", sagte Saira „Ok, ein Krebs, der nicht vorwärts läuft, das reicht mir, für lange Vorstellungen habe ich keine Zeit, du weißt schon, meine Mission."

„Ah j,a du suchst Stille, vielleicht kann ich dir helfen", sagte Kaami

„Wie willst du mir helfen, die Stille wiederzufinden?"

„Also, erst mal musst du herausfinden, was Stille überhaupt ist. Stille kann vieles sein."

Saira dachte darüber nach. „Gute Frage, was ist Stille? Ich finde, Stille ist ... tja, was ist Stille? Ruhe, Entspannung, Sehnsucht ..."

Kaami schaute Saira an: „Also, für mich ist Stille wie das Wasser, es geht durch den ganzen Körper, man fühlt sich leicht wie als gleitet man sanft dahin. Wenn die Wellen sich ans Kliff schlagen, das Rauschen des Wassers ist die Sehnsucht, die ruft. Wenn du den Wellen lauschst kann das auch beruhigend sein."

„Ja, Kaami, du hast recht, Stille ist nicht einfach Stille, es ist viel mehr. Jetzt weiß ich, wonach ich suchen muss, sag mir, kennst du jemanden, der mir mehr über sein Empfinden von Stille erzählen kann?", fragte Saira

„Klar, siehst du den Felsen der dort vorn in das Meer hinausragt? Kletter hinauf, ganz nach vorn, ich komme mit Maisha zu dir, ich habe sie heute Morgen gesehen. Mal sehen, ob sie noch in der Gegend ist."

Flugs krabbelte Kaami davon Richtung Meer. Saira machte sich auf den Weg über den Strand zu den Felsen. Gut, dass sie eine gute Kletterin war. Als sie am Rand der Klippe stand, schaute sie runter in die Brandung. Sie setzte sich hin, schloss die Augen und ließ das Wasser, das sich am Fels brach, auf sich wirken. Sie hörte das Rauschen und sie spürte es im ganzen Körper, das Wasser und der Klang der Wellen gaben ihr ein Gefühl der Ruhe der Stille.

Ja dachte sie bei sich:

Stille ist der Klang der Wellen.

Wahrnehmung

Es dauerte nicht lange und Saira schreckte hoch, vor ihr im Meer schoss eine Fontäne empor und ein gewaltiger Koloss steckte sein Maul aus dem Wasser.

„Hallo, bist du Saira? Kaami schickt mich zu dir, ich bin Maisha, ein Wal, er sagte, du kannst Hilfe gebrauchen."

Saira staunte nicht schlecht, wie konnte dieser Koloss durch das Wasser gleiten ohne wie ein Stein unterzugehen?

„Ja ich bin Saira und ich suche nach der Stille. Meine Freunde und ich wollen die Stille der Natur den Menschen wieder zurückbringen."

Maisha schaute empor. „Da habt ihr euch aber etwas vorgenommen, deine Mission ist nicht einfach, jedoch machbar. Ganz wichtig ist, man kann nur Stille finden, wenn man die Sehnsucht nach Stille in seinem eigenen Inneren erst mal kennt. Dazu gehört es, anzuerkennen, dass der Körper und vor allen die Seele Stille brauchen. Du musst verstehen, dass viele Menschen einfach vergessen haben, was Stille ist, weil sie ständig von Lärm umgeben sind. Sie hören gar nicht mehr hin. Wie sollen sie die Stille der Natur schätzen lernen, wenn sie nicht mal ihre eigene innere Sehnsucht danach kennen?"

Saira merkte in diesem Augenblick, dass es wirklich eine schwierige Aufgabe war, die sie sich da vorgenommen hatte.

„Danke, Maisha, ich glaube ich habe dich verstanden, erst muss man seine Sehnsucht nach Stille und den Bedarf für Stille im eigenen Körper und der Seele anerkennen."

„Genau, Maisha, anerkennen, dass der Körper und der Geist Stille brauchen. Viel Erfolg auf deiner weiteren Reise."

Und schon versank Maisha in den Wellen.

Saira schaute raus aufs Meer:

Stille ist Anerkennung, dass der Körper und der Geist sie benötigt.

Je länger sie aufs Meer schaute, desto ruhiger wurde Saira. Sie schloss die Augen und schlief ein.

Innere Werte erkennen

„Sairaaaaaaa, wo steckst du?" Malu schrie gegen das Rauschen der Wellen. Dann sah er sie auf der Klippe eingekugelt liegen. Flugs flog er hin. „Saira, wach auf, was hast du schon in Erfahrung gebracht?"

Saira gähnte herzhaft: „Hallo Malu, schön, dass du da bist. Ich habe Kaami getroffen, einen Krebs, und Maisha, einen Wal. Also, eines sage ich dir, Stille ist so vieles, das wird nicht leicht für uns."

Malu und Saira machten sich auf den Weg Richtung Wald. Es war mittlerweile dunkel geworden und der Wald war in bizarres Mondlicht getaucht. Sie drangen immer tiefer hinein. Saira hüpfte von Ast zu Ast. Plötzlich, als sie wieder auf einen Ast springen wollte, bewegte er sich fort. Sie erschrak fürchterlich. „Malu, was war das, hier gibt's lebende Äste." Mit Herzklopfen verweilte sie. Malu hängte sich über ihr an einen Ast. Da schlängelte sich etwas von oben runter auf die beiden zu.

„ZZZZZZZZZZ … Hallo, wer seid ihr denn?“, zischelte es.

Malu schaute neben sich. „Ach, du bist der bewegende Ast, entschuldige, wenn wir dich verwechselt haben. Ich bin Malu und das ist Saira, wir sind auf einer Mission.“

„Hallo, ich bin Jasiri, eine Schlange, ich lebe hier im Wald auf Bäumen, auf der Erde und auch im Wasser. Was habt ihr für eine Mission?“, fragte Jasiri.

„Wir suchen die Stille, denn es gibt zu wenig Stille auf der Welt. Alles ist laut und wir wollen einen Traum für die Menschen weben, um ihnen wieder die Stille näher zu bringen“, erklärte Saira.

Jasiri schaute die beiden an. „Da kann ich euch helfen, Stille ist im Inneren, nur dort werdet ihr die Stille finden.“

„Im Inneren, wie muss ich das verstehen?“, fragte Malu.

„Um in dein Inneres zu sehen, musst du erst mal lernen, nein zu sagen, und darüber nachdenken, was du wirklich willst. Denn nur, wenn du die Erkenntnis erreichst, dass du dir selbst wichtig bist, wirst du Stille finden“, sagte Jasiri.

Saira schaute Jasiri mit großen Augen an. „Malu, unsere Aufgabe wird immer schwieriger, wie sollen wir das den Menschen weitergeben, es ist hoffnungslos.“

Malu schaukelte hin und her „Nein, Saira, nicht hoffnungslos, wir müssen nur das, was wir hier an Antworten sammeln, zu einem Traum zusammenführen. Vielen Dank, Jasiri, du hast uns einen wichtigen Hinweis gegeben.“

Stille ist Nein sagen lernen.

Saira und Malu schauten Jasiri hinterher, als er sich den Baum hinunter schlängelte und verschwand. Sie machten sich wieder auf den Weg durch den Wald. Malu flog voraus und sah einen kleinen Wasserfall, der sich von einem

Felsrücken stürze. Saira holte auf und beide staunten gespannt das Wasser an.

Strategie

Lautlos kam einen Eule angeflogen. Sie setzte sich neben Saira auf den Ast. „Hallo, Malu, wer ist deine kleine Freundin?“

„Oh, Sophia, du hier, das ist toll, denn du kannst uns sicher auch ein paar Antworten geben. Das ist meine Freundin Saira und wir suchen die Stille“, sagte Malu.

„Hallo Saira, na da hast du dir aber was vorgenommen. Warum suchst du die Stille?“ Saira schaute Sophia an.

„Weil alles laut ist, nur noch Lärm auf der Welt. Die Menschen wissen nicht mehr, was Stille ist. Wir wollen den Menschen die Stille wieder etwas näherbringen.“

Sophia schaute die beiden an. „Stille, meine Lieben ist so vieles, Stille ist in uns, in jedem einzelnen. Ganz einfach, wenn ihr in Euch hinein hört und dort zur Ruhe kommt, könnt ihr die Stille um euch herum finden. Es ist nicht einfach. Die Menschen wissen nicht mehr, was Stille ist, weil sie sich in etwas drängen lassen, was sie eigentlich gar nicht sind. Einer will besser als der andere sein. Hat der eine Mensch eine laute Stereoanlage, braucht der andere eine noch lautere. Es ist ein ewiges Hin und Her und dabei verlieren sie ihr eigenes Wesen aus den Augen. Sie werden unzufrieden, gereizt und genervt. Sie versuchen nicht in der Stille Kraft zu schöpfen, nein, sie drehen die Musik noch lauter auf, um runter zu kommen. Dass das der falsche Weg ist, erkennen sie nicht.“

Saira schaute nachdenklich und schüttelte den Kopf: „Was sind die Menschen doch für komische Tiere. Sie erzeugen Krach und erhoffen Ruhe und Entspannung. Wenn sie einfach in die Natur gehen würden und die Geräusche des Waldes, des Wassers und der Luft auf sich einwirken lassen würden, dann wären sie viel glücklicher und ausgeglichener. Na, das wird langsam zu einer Monsteraufgabe."

Malu lächelte: „Weißt du, Saira, nennen wir es eine Herausforderung und wenn wir nur wenige Menschen erreichen mit unserem Traum, haben wir schon einen Erfolg erzielt. Denn dann gibt es Hoffnung, dass sie es weitergeben, denn wie Sophia schon sagte, ein Mensch will immer besser sein als der andere. Wir werden uns das zu Nutze machen und sie mit ihren eigenen Waffen schlagen. Wenn ein Mensch die Stille wiederfindet, wird es sicher einen Neider geben der das dann auch möchte. Wir müssen diesen einen Menschen nur finden und ihm die Stille so schmackhaft machen, dass er total begeistert ist und damit prahlt, und schwupp ..." Malu klatschte seine Flügel zusammen und jubelte.

Saira schaute ihn an: „Also, ganz ehrlich, Malu, das ist wirklich eine gute Strategie. Ich denke, wir schauen mal, wen wir noch treffen, um uns noch ein paar Tipps zu holen, und dann bringen wir alles zu Mirko, dann kann er schon mal weben und wir suchen den Menschen, der für den Traum geeignet ist."

„Sophia sei gedankt und schönen Abend noch", sagte Malu. Sophia flog in die Nacht, sie lachte in sich hinein.

„Manchmal muss man einfach das Negative annehmen, um etwas Positives zu erreichen", dachte sie so bei sich.

Malu schaute Saira an:

Stille ist im Inneren.

Beide machten sie sich wieder auf den Weg. Es war eine schöne Nacht, der Mond erhellte den Wald und viele Sterne glitzerten über den Baumkronen. Malu flog Loopings, so begeistert war er von seiner Idee. „Schau mal, Saira, da unten ist jemand, den wir noch fragen können.“

Saira hüpfte runter und sagte: „Hallo, ich bin Saira und das ist Malu, kannst du uns deine Ansicht sagen, was für dich Stille ist. Wo wir sie finden, wissen wir jetzt.“

Der kleine Fuchs schaute beide an. „Hallo, ich bin Rufus, meine Ansicht, was Stille ist, ganz einfach schließt die Augen und hört genau hin. Das ist Stille, die Geräusche der Natur.“

Saira lachte und hopste hin und her: „Ja, Rufus, du hast sowas von Recht, genau das ist die Stille und du hast sie in dir erkannt, denn nur deshalb kannst du sie hören.“

Stille ist: Die Geräusche der Natur

Malu flatterte vor den beiden. „Also haben wir unsere Antworten. Dann können wir erfolgreich zurück zu Mirko gehen, damit er den Traum für uns webt. Danke, Rufus und alles Gute für dich.“

Saira legte sich auf das Laub und Malu breitete seine Flügel über ihr aus. Ganz leise fing er zu summen an. Saira schwebte in die Farben und Lichtwirbel. Eine Ruhe überkam sie, die sie schon lange nicht mehr gespürt hatte, und ihre Reise zurück begann.

Weben

Langsam kam Saira wieder zu sich und sie befand sich wieder bei Mirko in der Höhle. Malu war auch da und dappelte mit hängenden Flügeln rum.

Mirko seilte sich ab: „Na, war deine Reise erfolgreich, Saira?“

Saira schaute Malu an und begann zu erzählen: „Ja, Mirko, wir wissen nun, was Stille ist und wo wir sie finden, und vor allen haben wir eine tolle Strategie, wie wir sie den Menschen und somit der Natur zurückbringen."

„So, nun erzählt es mir, dass ich den Traum weben kann", sagte Mirko erwartungsvoll.

Malu nickte Saira zu und Saira begann: „Mirko, zuerst traf ich Kaami, einen lustigen Gesellen, einen Krebs, der mir die Stille des Wassers und der Wellen, die sich an den Klippen brachen, zeigte. Er zeigte mir, dass Stille der Klang der Wellen ist. Doch das war mir nicht genug, ich wollte die Stille verstehen. Also brachte er mich zu Maisha, dem Wal. Ein gigantischer Anblick und so weise. Sie sagte mir, dass Stille erst einmal Anerkennung bedarf, dass der Körper und der Geist sie benötigt." Saira schaute Malu an.

Malu sprach nun: „Dann verwechselte Saira Jasiri, eine Schlange, mit einen Ast und wir lernten sie kennen und auch sie half uns weiter zu verstehen. Jasiri sagte uns, dass man erstmal Nein sagen lernen muss, um selbst zu erkennen, was und wer man im Inneren wirklich ist. Dann kann man Stille empfinden."

Mirko hörte gebannt zu, die beiden waren sehr fleißig gewesen, dachte er so bei sich.

„Danach trafen wir Sophia, wie immer wusste Sophia auch etwas dazu zu sagen. Sie erklärte uns, warum die Menschen eigentlich Stille mit lauten Geräuschen verwechseln, die echte Stille gar nicht mehr kennen, und dabei kam uns eine super Idee."

Malu lachte Mirko und Saira an: „Du, Mirko, wirst den Traum weben und wir werden einen Menschen suchen, dem ich den Traum einpflanzen werde und dann wird alles seinen Gang gehen. Denn wir werden die Menschen mit ihren eigenen Fehlern schlagen."

Mirko schaute verdattert. „Wie meinst du das, nur ein Mensch bekommt den Traum und wie soll dann Ruhe einkehren und der Mensch die Stille der Natur wieder zu schätzen lernen, durch einen Einzelnen?"

Saira lachte: „Schau, Mirko, der Mensch ist so verhuscht, hat sein Nachbar zum Beispiel einen neuen Rasenmäher, dann braucht auch er einen Neuen, der vor allem noch größer und lauter ist. Baut der eine ein großes Haus mit Türmchen, dann braucht ein anderer ein noch größeres mit noch mehr Türmchen. Weißt du, irgendwann ging mal einer in den Wald mit lauter Musik und viele sahen ihn dabei, also machten sie es ihm nach.

Der Mensch merkt nicht, dass er eigentlich gar nichts mehr selbst entscheidet, sondern nur den anderen nacheifert und diesen Irrsinn machen wir uns zu Nutze."

„Genau", sagte Malu, „wir finden einen Menschen, der dringend Stille braucht und wenn wir ihm dann den gewebten Traum aus deinen Schicksalsfäden einpflanzen, wird er mit Begeisterung davon erzählen, wie gut es ihm geht und wie schön die Stille der Natur ist, und alle werden sie ihm nacheifern wollen, denn so tickt der Mensch."

Mirko staunte nicht schlecht, jedoch musste er zugeben, dass das klappen könnte, denn der Mensch tickte wirklich so.

„Also gut", sagte Mirko „ihr sucht nun den Menschen und ich fange an, sein neues Schicksal zu weben."

Suche nach einer empfänglichen Seele

Malu und Saira machten sich auf den Weg. Sie huschten aus der Höhle und flitzten durch den Wald zur Menschensiedlung. Am Stadtrand angekommen, machten sie Halt.

„Malu, was meinst du, was für einen Menschen sollen wir suchen?“, fragte Saira.

Malu dachte nach. „Also, eigentlich wäre ein junger Mensch nicht schlecht, weil er noch offen ist für vieles, unverdorben und rein in der Seele.“

Saira überlegte. „Nein, Malu, ich denke, wir müssen einen vorbelasteten älteren Menschen nehmen, einen, der sich gar nicht mehr kennt, der jedoch schon gemerkt hat, dass er sich nicht mehr wohlfühlt, der schon krank ist in seiner Seele und mit sich nicht mehr im Reinen.“

„Die Überlegung ist nicht verkehrt“, sagte Malu. „Einen Menschen, dessen Inneres nach Ruhe schreit, genau diesen müssen wir finden.“

Sie huschten weiter und schauten in die Fenster der Häuser. Hinter einer großen Hecke sahen sie ein beleuchtetes Fenster und Malu flog darauf zu. „Komm Saira, schauen wir mal, was dahinter los ist.“

Saira und Malu trafen sich auf dem Balkon vor dem Fenster und schauten hinein. Drinnen sahen sie einen alten Mann in einem Bett sitzen. Er hatte ein Foto in den Händen und ihm liefen die Tränen die Wangen runter. Saira stolperte gegen das Fenster und der Mann schreckte auf. Er sah zum Fenster und sah das Eichhörnchen, das sich dagegen stellte. Beide schauten sich erschrocken an.

„Saira, Vorsicht, er hat dich gesehen“, flüsterte Malu.

„Warte, ich glaube er will uns nichts“, sagte Saira und wartete.

Der alte Mann stand auf, wischte sich die Tränen von den Wangen, öffnete die Balkontür und trat langsam hinaus.

„Hallo, meine Kleine, besuchst du mich? Das freut mich, hab keine Angst, ich tue dir nichts“, sagte er leise.

Saira schlüpfte näher. „Hallo, ich bin Saira.“

Der Mann schaute Saira an, setzte sich auf einen Stuhl und klopfte auf seine Beine.

„Komm her, Kleines, ich verstehe dich, es ist sehr lange her, dass ich die Tiere verstehen konnte, doch ganz verlernt habe ich es nicht.“

Saira wagte sich näher und hüpfte auf seinen Schoß. Malu krakelte auf dem Balkongeländer näher heran.

Da lachte der Mann: „Ach, da ist ja noch jemand, schön, dass ihr da seid, gerade heute freue ich mich über Gesellschaft.“

Malu schaute ihn an: „Ich bin Malu und das ist Saira, erzähle uns, warum du so traurig bist und geweint hast, wir sind gute Zuhörer.“

„Ich heiße Georg und heute vor zehn Jahren hat mich mein Gretchen verlassen. Meine Frau, mein Halt im Leben, seitdem ist vieles anders geworden. Ich bin nun 77 Jahre alt und alles ist anders geworden auf der Welt. Meine Kinder haben mir einen Walkman geschenkt, dass ich auf meinen Spaziergängen Musik hören kann. Meine Enkelkinder schicken mir Karten für Konzerte und Veranstaltungen, dass ich unter Menschen bin. Ich habe einen Hightech-Fernseher und eine Stereoanlage. Ständig habe ich Besuch und sie erzählen mir von ihrem Leben. Doch das alles ist mir zu viel, mir fehlt mein Gretchen. Doch ich traue mich nicht zu sagen, dass mir das alles nicht gefällt, ich möchte sie nicht verärgern“, erzählte Georg.

Saira seufzte auf: „Weißt du, Georg, ich glaube, du bist genau der, den wir suchen, denn wir suchen einen Menschen, der die Stille den Menschen wieder zurückbringt und ihnen die Stille der Natur wieder zeigt. Wir hatten eine Strategie und ich glaube, mit dir wird uns die Umsetzung leichter fallen."

„Was, mit mir? Mein Leben ist nicht mehr still. Es ist nur noch laut und unzufrieden. Damals, als mein Gretchen noch da war, das waren andere Zeiten. Wir waren viel in der Natur, saßen schweigend nebeneinander und spürten die Stille der Natur und hörten den Tieren zu. Sogar unsere Kinder, als sie klein waren, lernten diese Ruhe kennen. Doch die Zeiten sind vorbei, meine Kinder kennen nur noch ein Leben voller Geräusche, Akustik ist wichtig und Konsumdenken. Ich bin ein alter Mann, ich bekomme immer gesagt, die Zeiten haben sich geändert, ich muss mit der Zeit gehen."

Malu schüttelte den Kopf: „Genau das, was Jasiri, die Schlange, zu uns gesagt hat. Du musst lernen, Nein zu sagen. Nein zu sagen, hängt nicht vom Alter ab, sondern von deinem inneren Willen. Maisha, der Wal, sagte uns, Stille ist Anerkennung, dass der Körper und der Geist sie benötigt, und du weißt in deinem Inneren, dass du dich nach der Stille sehnst, denn du hast sie gekannt und erlebt mit deinem Gretchen. Der perfekte Mensch für unser Vorhaben."

Georg schaute die beiden an: „Wenn ihr meint, dass ich euch helfen kann, dann werde ich es tun. Ich habe keine Ziele mehr im Leben, doch ich würde mit Freude noch einmal die Stille in mir und in der Natur hören."

Saira und Malu waren sich einig, Georg war der Mensch, der den Traum bekam und vor allem auch brauchte.

„Georg, morgen kommen wir wieder zu dir und bringen Mirko mit und dann weben wir dir einen Traum und du wirst diesen Traum deinen Lieben weitergeben und sie werden es wieder ihren Lieben weitergeben und so fort … Und mit etwas Glück werden wir die Stille zurückbekommen."

Saira und Malu huschten davon Richtung Höhle zu Mirko.

Der alte Georg saß noch lange auf dem Balkon und dachte über die Begegnung nach.

„Wann habe ich aufgehört ich selbst zu sein? Wann habe ich mich in etwas pressen lassen, was mir gar nicht gefällt? Wann bin ich zum Ja-Sager geworden? Alt hieß früher weise und nicht Dummkopf, da müssen erst zwei kleine Gesellen kommen, um mich wieder zum Nachdenken zu bringen und zum Sehen."

Gemeinsam was erreichen

Malu erreichte die Höhle zuerst. „Mirkooooo!!!", brüllte er schon im Flug. „Wir haben den idealen Menschen gefunden."

Saira kam angehobst. „Malu, mach langsam, ich komm nicht so schnell hinterher."

Mirko krabbelte die Höhlenwand hinunter und schaute die beiden an. „Was musst du immer so schreien, ich höre dich, auch wenn du normal sprichst, außerdem höre ich euch schon, wenn ihr die Höhle betretet."

Malu landete und schlich herbei. „Mirko, Georg ist einfach ideal für unser Vorhaben. Er kennt die Stille noch aus alten Zeiten, doch er hat sie aus dem Blick verloren, wir müssen sie ihm nur wieder in Erinnerung bringen und er wird sie wieder seinen Kindern und Enkelkindern näherbringen. Er vermisst die Stille, jetzt, wo wir ihn wieder daran erinnert haben."

Mirko schaute Saira an. „Und was meinst du dazu?", fragte er Saira. Sie nickte heftig. „Malu hat recht, Georg ist ideal, er ist alte Schule, wie man so schön sagt. Wenn er nicht mit seinen Erinnerungen Sehnsucht in den Menschen weckt, wer dann?"

„Ok, dann machen wir das, morgen bei Abenddämmerung gehen wir gemeinsam zu Georg und weben einen Traum", sagte Mirko und verschwand.

Malu hängte sich an einen Felsvorsprung, klappte die Flügel ein und schloss die Augen. Saira rollte sich in eine Felsnische ein und seufzte tief durch. „Ja, gemeinsam erreicht man was", dachte sie noch, bevor sie einschlief.

Blutrot senkte sich die Sonne am Horizont. Der Wald war in bizarre Lichter getaucht. Wie jeden Abend bevor der Mond und die Sterne den Himmel erstrahlten, senkte sich die abendliche Stille hernieder.

In der Höhle erwachten die drei Freunde. Herzhaft gähnten sie und streckten sich. Alle drei waren voller Eifer und ohne Worte krabbelte Miro auf Sairas Rücken und es ging los, den Weg entlang zu Georg.

Malu flog wie immer voraus und Saira hüpfte über die Bäume, diesmal mit mehr Vorsicht, sie hatte ja einen Passagier zu tragen.

Georg saß schon auf dem Balkon und erwartete die Freunde.

„Hallo", grüßte er, „da seid ihr, erst dachte ich, eure Begegnung gestern mit mir war ein Traum, doch nun seid ihr wieder da. Sagt, wer ist der Dritte im Bunde."

Saira hopste auf seine Beine. „Darf ich vorstellen, Mirko, der Weber."

„Hallo Mirko, mit einer Spinne habe ich noch nie geredet, doch ich denke, wir werden uns gut verstehen.“

„Ganz meinerseits.“ Mirko legte den Kopf schief und kroch auf dem Balkongeländer näher heran. „Dann wollen wir mal loslegen. Du, Georg, gehst ins Bett und wenn du schläfst, wird Malu dir den Traum bringen den ich gewebt habe, und dann liegt es an dir, deinem inneren Willen und deiner Entschlossenheit, was du daraus machst. Du hast eine starke Seele und wir zählen auf dich.“

Georg sagte: „Gute Nacht, werde ich euch wiedersehen?“

Saira schaute Georg an. „Georg, wir werden immer bei dir sein, du brauchst nur genau hinsehen und du siehst uns.“

Als Georg tief eingeschlafen war, flog Malu über ihn, er griff sich den ersten Traumstrang, der in Georgs Seele entstand und Mirko fing das Weben an. Saira schaute wie gebannt zu.

Der Traum

Georg hörte zuerst nur das Ticken der Wanduhr, die Autos, die vor der Tür vorbeirasten, nebenan spielte einer laute Musik und der Bass wummerte.

Dann plötzlich war etwas anders, sein Inneres öffnete sich und die für ihn störenden Geräusche traten in den Hintergrund und er hörte immer lauter die Vögel, die zwitscherten, die Bienen, die summten, Eichhörnchen gackerten, der Specht klopfte am Baumstamm, irgendwo plätscherte Wasser, der Wind, der durch die Bäume vor dem Fenster blies.

Es waren beruhigende Laute, dann wurden selbst diese Geräusche leiser und da war es … seine Stille. Er atmete im Schlaf tief ein und lächelte. Da war sein Gretchen, das ihn an die Hand nahm und mit ihm durch Wald und Wiesen ging. Da war die Ruhe, ohne Worte einfach zu genießen.

Die drei Freunde schauten Georg gespannt beim Schlafen zu. „Es wird klappen, glaubt mir, und wenn er nur einen kleinen Teil der Menschen erreicht, haben wir schon gewonnen“, sagte Mirko

„Wir werden hier bleiben und sehen, wie es sich entwickelt. Du, Mirko, suchst dir ein Eckchen im Haus und ich und Malu finden draußen etwas und dann werden wir morgen sehen.“

So wurde es dann auch gemacht, jeder suchte sich einen Platz, wo er am besten beobachten konnte.

Georg wachte früh auf, er lauschte. Da, nebenan ging die Espressomaschine an und der Nachbar war schon dabei, den Rasenmäher startklar zu machen. Welch ein Lärm am Morgen. Er stand auf und ging auf den Balkon. Da war doch noch was … dann atmete er auf. „Ja mein Traum.“

Er zog sich schnell an und griff zum Telefon. „Hallo, mein Sohn, ihr müsst mich heute dringend besuchen kommen, alle, ich möchte meiner Familie etwas mitteilen, und zieht feste Schuhe an.“

Stille

Ohne groß auf eine Antwort zu warten legte er auf und lachte in sich hinein. Das Telefon klingelte wieder, doch er ging nicht ran. Fröhlich summend spazierte er in die Küche und machte sich Kaffee, mit diesem setzte er sich vor die Tür und lauschte den Tieren, die durch seinen Garten huschten.

Es dauerte nicht lange und seine Kinder und Enkelkinder kamen mit dem Auto an. Alle sprachen sie durcheinander, was los wäre, ob er krank sei, einsam, ob etwas kaputt wäre, der Fernseher zum Beispiel.

Georg stand auf, stellte sich gerade hin und schaute alle an: „NEIN, auf alle eure Fragen. Ich möchte euch etwas zeigen, Erinnerungen, die verloren gingen, die jedoch für alle Lebenswichtig sind. Kommt mit mir, tut mir den Gefallen. Ich bin alt, wer weiß, wie lange ich noch auf dieser Welt wandle. Doch es ist an der Zeit, dass ich euch etwas Wichtiges mit in eure Zukunft gebe."

Alle schauten sich gegenseitig an, dann nickte der erste und alle anderen folgten.

Georg machte sich auf den Weg Richtung Wald. Er spürte, dass etwas sein Hosenbein hinauf krabbelte, und er war schon versucht, es abzuschütteln, als er eine flüsternde Stimme hörte: „Ich bin‘s nur, Mirko." Er langte hinunter, nahm Mirko vorsichtig auf und setzte ihn sich auf die Schulter.

Er spürte die Blicke seiner Kinder auf sich, jedoch traute sich keiner, ein Wort zu sagen. Immer weiter in den Wald lief er, bis zu der verborgenen Bank am kleinen Weiher, wo er früher immer mit seinem Gretchen gesessen hatte.

Er setzte sich und hinter ihm hüpfte ein Eichhörnchen auf die Lehne, als er zu sprechen begann. „Macht es euch gemütlich, ich möchte euch meine Erinnerungen erzählen, und vor allem möchte ich, dass ihr meine Erinnerungen mit mir nochmal erlebt." Er atmete tief durch. „Hier, genau an dieser Stelle, saß ich mit eurer Mutter und Oma und wir lauschten der Stille der Natur. Wir sprachen mit den Tieren, fühlten ihre Sorgen und Ängste und wir fanden durch ihre Waldmusik den inneren Frieden. Seit mein Gretchen nicht mehr ist, habt ihr mich bemuttert und mir alles Mögliche geboten, was ihr dachtet, dass mir gut tut. Dafür danke ich euch auch. Doch was ich wirklich brauche, ist hier, und nicht nur ich brauche das, auch ihr alle und alle Menschen auf dieser Erde. Es ist die Stille in uns, schließt die Augen, atmet tief durch und schaut in euch rein. Hört den Gesang des Waldes, der Luft und des Wassers. Hört auch, wie die Tiere leiden durch die künstlichen Geräusche der Menschen. Denk darüber nach, lasst es auf euch wirken und dann werdet ihr mich verstehen. Die Stille ist das, was uns stark macht."

Alle saßen da, lauschten seinen Erzählungen und begannen die Stille in sich zu fühlen und auch die Stille des Waldes.

Als der Abend hereinbrach und die Sonne versank, staunten sie nicht schlecht, als sie die Farben der untergehenden Sonne sahen. Es lag ein Frieden darin, den sie noch nie gespürt hatten.

Malu flatterte um alle herum „Seht ihr mich und seht ihr Saira und Mirko? Wir sind die Bewohner des Waldes und wir brauchen zum Überleben die Stille der Natur. Erlebt sie, mit uns gemeinsam. Teilt eure Eindrücke mit anderen Menschen und findet die Stille in euch selbst."

Lange saßen sie noch beisammen, Tiere wie Menschen ließen die Stille auf sich wirken.

Malu flog empor, lachte Saira an und zwinkerte Mirko zu

„Wer allein mit einsam verwechselt der hält auch Stille für lautlos."

-Ende-

FORDUNA VENTUS VALITUS

Das Glück ist bei den Starken.
Jeder braucht einen Malu in seinem Leben

„Die Geschwindigkeit ist egal, vorwärts ist vorwärts.“

Lautlos schwebte eine Eule zwischen den Ästen heran.

Man sah nur ein Glitzern, als sich die Abendsonne in ihren Flügeln spiegelte. Immer tiefer flog sie in den Wald, zu dem Wasserfall, der sich vom Fels herabstürzte. Sie flog durch den Wassernebel hinein in eine Spalte im Berg, die in eine Höhle führte.

Es war die Höhle, in der Malu und Mirko zuhause waren. Langsam schwebte sie in die große Halle und suchte sich einen Felsvorsprung, auf dem sie landete.

„Malu, werde wach“, rief sie, „ich spüre eine traurige Seele nach uns rufen.“

Oben an der Höhlendecke streckte sich eine Fledermaus und lugte mit seinem Schnäuzchen aus den Flügeln. „Sophia, es ist noch früh am Abend, ich hätte noch eine Stunde schlafen können.“

Sophia, die Eule, schaute zu Malu hoch „Nein, Malu, heute müssen wir früh los und die Seele finden, man hört ihr Weinen durch den ganzen Wald.“

An der Wand krabbelte eine Spinne herunter „Guten Abend, ihr Beiden, was ist denn hier schon los?“, sagte die Spinne.

„Guten Abend, Mirko, Malu wird gebraucht und je früher wir losfliegen, desto mehr Zeit haben wir, bis die Morgendämmerung einsetzt“, sprach Sophia.

„Wenn du die Zeit sinnvoll nutzt, hast du genug Zeit, also geht es langsam an, wenn ihr meine Hilfe braucht, ihr wisst ja, wo ihr mich findet. Schönen Abend noch.“ Und schon krabbelte Mirko wieder die Höhlenwand hinauf.

Malu schaute Sophia an. „Dann komm, lass uns sehen, was los ist, lass uns rausfliegen und das Licht genießen.“

Flugs flatterten beide dem Ausgang entgegen, rein in die bizarren Lichter und Farben, die das untergehende Sonnenlicht im Wald zeichnete. Es war wie jeden Abend wunderschön, die Luft war rein und die letzen Geräusche des Tages verstummten.

Dann kam der Moment, wo es lautlos war, die eine Minute, wo die Nacht den Tag übernahm. Die eine Minute, wo die Geräusche des Tages ganz verstummten und dann die Geräusche der Nacht begannen. Malu spitzte die Ohren. Da hörte er das atemlose Schnaufen, nur wo kam es her? „Sophia siehst du was?“

„Nein, Malu, noch nicht, ich höre es nur und wir kommen dem näher.“

Sie flogen etwas tiefer durch den Wald und plötzlich sah Malu auf einen Felsen am Waldteich ein Mädchen sitzen und weinen. Er flog darauf zu und flatterte um sie herum. Sophia ließ sich auf einen Baum darüber nieder. Das alte Mädchen schaute auf und lachte mit Tränen in den Augen. „Oh, wie schön, komm zu mir, kleine Fledermaus, ich tue dir nichts.“

Malu landete neben ihr auf den Felsen. „Hallo, ich bin Malu und wer bist du und warum bist du so traurig?“

Das alte Mädchen schaute ihn an „Ich bin Morla und ich weiß nicht, wie es weitergehen soll mit meinem Leben. Ich war mein bisheriges Leben lang immer schnell unterwegs, hab gemacht und getan, in den letzen Jahren ging ich gerne Walken und Radfahren. Ich liebte es, durch den Wald zu streifen, und mein Alltag war immer mit viel Action gespickt. Doch nun hat mich mein Körper ausgebremst. Ich bin langsam wie eine Schnecke geworden, für Wege, die ich sonst in 15 Minuten zurückgelegt habe, brauche ich nun 45 Minuten. Es nervt mich und ich komme damit einfach nicht klar.“

Malu schaute empor zu Sophia und Sophia flog vom Baum runter. „Hallo, Morla, ich bin Sophia. Sag mir, warum bist du so traurig? Weil du langsam bist. Ich verstehe dich nicht. Immer Hektik und Stress ist doch viel schlimmer?“, fragte Sophia.

Morla schaute die beiden an. „Mein Leben war immer so, ich habe für alle gemacht und getan. Ich habe es gerne gemacht. Auch wenn es mir oft zu viel war, fand ich darin trotz allem meine Erfüllung. Ich kann und will einfach nicht akzeptieren, dass ich das alles nicht mehr kann. Ich war so stolz auf mich, dass ich es geschafft habe, mir im Inneren meine Jugend zu erhalten, und nun bin ich wie eine alte Frau unterwegs.“

Malu lachte „Hey, alte Frau, du machst Witze – Alt ist eine Einstellung und du bist zwar schon ein älteres Mädchen, doch solange du im Inneren jung bist, ist es egal, wie langsam du unterwegs bist. Schnelligkeit macht nicht das Alter aus. Wichtig ist, wie du dein Leben wahrnimmst und dass du es erlebst und nicht nur lebst.“

Morla schaute die beiden an „Leicht gesagt, doch wie soll ich das, was ich bisher immer getan habe, noch schaffen, wenn ich viel zu viel Zeit dafür benötige? Mir rennt im wahrsten Sinne die Zeit weg und ich schaffe nichts mehr.“

„Weißt du Morla, du musst dir Zeit nehmen und trotzdem schneller sein. Und wie das geht, werden wir dir zeigen. Ich nehme dich mit auf eine Gedankenreise zu einigen Freunden, sie werden dir zeigen, dass es nicht wichtig ist, wie langsam man ist, sondern wichtig, die Zeit, die man braucht, richtig zu nutzen.“

Morla schaute Malu an. „Gerne begleite ich dich und lerne neue Freunde kennen, jedoch glaube ich nicht daran, dass sie mir helfen können.“

„Schließ deine Augen, fühle die Luft in deinem Gesicht und spüre das Licht der Dunkelheit, entspanne dich und flieg mit mir empor zu Memo."

Morla schloss die Augen, sie hörte die Geräusche der Natur und spürte die Luft auf ihrer Haut. Ganz langsam driftete sie dahin und plötzlich flog sie neben Malu. Es war ein tolles Gefühl, frei im Aufwind der Luft zu schweben. Alles war unwichtig geworden, sie spürte sich selbst, so, als würde sie aus ihrem Körper heraus schweben.

Einige Zeit flogen sie dahin, dann hängte sich Malu in einen großen Baum an einen Ast und Morla nahm am Fuße des Baumes Gestalt an.

„Memo, kannst du kurz mal runter kommen, wir brauchen deinen Elan." Grinsend wartete Malu.

Ganz langsam krabbelte ein Koalabär aus dem Baum Richtung Waldboden.

„Hallo Malu, du hast mich schon lange nicht mehr besucht, womit kann ich dir helfen?"

„Darf ich vorstellen, das ist Morla. Ich möchte ihr gerne zeigen, dass langsam sein nicht schlimm ist", sagte Malu.

„Hallo Morla, also, sieh mich an, ich zähle zu den langsamsten Tieren auf der Erde und ganz ehrlich, mir macht das nichts aus. Ich genieße jede Minute davon. Wenn man sich langsam bewegt, verbraucht man wenig Energie und man ist ausgeglichener. Man erreicht auch viel, wenn man langsamer ist, Zeit ist für mich relativ, wichtig ist, dass du zu der Sache stehst."

Morla schaute Memo an „Sag mir, Memo, denkst du nicht manchmal, der Tag ist zu kurz für all das, was du vorhast?"

Memo überlegte „Ich mache nur das, was ich schaffe, es gibt keinen Plan vorab. Ist der Tag vorbei, erfreue ich mich daran, was ich alles geschafft habe. Ob viel oder wenig, ist egal, wichtig ist, dass ich überhaupt etwas getan habe. Wir Koalas träumen gerne und knabbern Eukalyptus. Sag mir, Morla, wann hast du Zeit zum Träumen wenn du immer auf die Zeit achtest?“

Malu schaute Morla an „Weißt du, Morla, jetzt, wo du gezwungen bist, langsam zu machen, solltest du dir mal überlegen, was dir wirklich wichtig ist. Es gibt nur einen Weg, der wichtig ist und das ist dein Eigener, ob schnell oder langsam, ist egal. Wie Memo sagt, erfreue dich an den Dingen, die du geschafft hast, und ärgere dich nicht darüber, was du nicht getan hast.“

„Ihr sagt das so einfach, doch ich war es nicht anders gewohnt, viel schaffen, bevor der Tag zu Ende ist. Es war immer zu wenig Zeit für so viele Dinge.“

Memo grinste Malu an „Geh mit ihr bei Azana vorbei, ich habe sie heute Morgen gesehen, sie kann noch nicht weit sein. Ich denke, dass sie ungefähr zehn Meter weiter bei den Steinen ist. Sie kann Morla ihre Sicht der Geschwindigkeit erzählen.“

Malu und Morla verabschiedeten sich von Memo. Dieser bewegte sich ganz langsam wieder den Baum hinauf.

Morla staunte „Der hat ja die Ruhe weg. Echt krass, den ganzen Tag rumsitzen, vor sich hin träumen, fressen und einfach darauf warten, was kommt. Tja, wenn ich das doch auch könnte, doch dazu habe ich keine Zeit.“

„Komm, wir schauen mal, ob wir Azana finden, sie ist eine Weinbergschnecke.“

Die beiden wanderten durch den Wald und Morla schaute angestrengt auf den Boden. Dann sah sie eine Schnecke mit ihrem Haus auf einen flachen Stein ruhen.

„Hallo, bist du Azana?“, fragte sie.

Die Schnecke steckte ihren Kopf aus dem Haus und schaute Morla an. „Ja, das bin ich, wer sucht mich denn?“

„Hallo, ich bin Morla und Malu ist bei mir. Sag mir, wie kannst du damit leben, dass du so langsam bist?“

„Hallo Malu, schon lange nicht gesehen. Morla, ich bin nicht langsam. Wie kommst du denn darauf?“

„Wie, nicht langsam? Du bist eine Schnecke und Schnecken sind langsam“, sagte Morla.

Azana schaute Malu an. „Sag mir, Malu, wie kommt deine Freundin dazu, mich als langsam zu bezeichnen? Ich bin so wie ich bin. Eben nicht schneller.“

„Malu flog auf den Waldboden. „Azana, Morla kommt nicht damit zurecht, dass sie nun langsamer ist, sie denkt, das ist schlimm. Ich möchte ihr gerne zeigen, dass es nicht darauf ankommt, wie schnell man ist.“

Azana schmunzelte und schaute Morla an „Weißt du, Ich bin eine Schnecke, von Natur aus nicht die Schnellste. Ich kann dem jetzt nachtrauern und mich jeden Tag darüber aufregen, dass ich nicht schneller vorankomme. Doch was bringt es mir? Nur dass ich unzufrieden bin. So akzeptiere ich einfach meine Situation und mache das Beste daraus. Ich genieße es, langsam durch die Natur zu kriechen. So nehme ich alles viel intensiver wahr. Den Duft der Natur, den Erdboden, seine Beschaffenheit. Ich höre viel mehr und genieße die Musik der Welt. Was kann es schöneres geben?“

Morla staunte nicht schlecht. Azana war zufrieden, obwohl sie langsam war. „Ach, würde ich das doch auch können, akzeptieren, dass ich nun langsam bin. Doch ich bin keine Schnecke und auch kein Koala, es liegt nicht in meiner Natur, langsam zu sein.“

Azana lächelte „Du hast noch einen großen Weg vor dir, doch glaube mir, es ist nicht immer von der Natur abhängig, oft ist es eine Sache der Einstellung.“

Malu überlegte. „Danke, Azana, ich denke mir, ich bringe mal Morla zu Lisa. Dass sie mal einen Gegensatz hat.“

Malu schnappte sich Morla und es ging wieder in die Lüfte. Sie schwebten über den Wald bis hin zu einer Lichtung an einem großen Wasserfall. Dort landete Malu auf einem Felsen und Morla erschien daneben.

„Malu, wer ist Lisa?“

„Lisa ist ein Falke, und warte mal, da, schau hoch in den Himmel, da ist sie. Siehst du das Glitzern im Mondlicht, sie hat uns gesehen und kommt zu uns.“

Im Lichtstrahl des Mondes flog Lisa herbei. „Hallo Malu, hast du mir Besuch mitgebracht?“

„Ja, das ist Morla, ich bin dabei, ihr klar zu machen, dass langsam auch gut sein kann.“

Lisa lachte „Na da bist du ja bei mir richtig. Schau, Morla, ich bin ein Falke, ein Wanderfalke. Ich bin eines der schnellsten Tiere der Welt, denn im Sturzflug kann ich bis zu 322 km/h erreichen, doch glaube mir, das ist nicht so toll. Ich mache das nur bei der Jagd oder Flucht und auch nur sehr kurz. Denn es verbraucht viel Energie.“

Morla grübelte „Lisa, wenn du doch so schnell bist, warum fliegst du dann nicht auch so schnell und schaust dir die ganze Welt an. Boah, wenn ich so schnell wäre, würde ich überall hin flitzen, um möglichst viel zu sehen.“

„Nein, Morla, was nutzt es mir, schnell zu sein, wenn ich dann nichts sehen kann? Schau, ich gleite gerne mit dem Winde im Himmel. Ich beobachte alles von oben, ich sehe alles und nehme alles wahr. Was bringt es mir, schnell über alles hinweg zu fliegen, wenn ich dann nix mehr wahrnehmen kann. Wo bleiben dann die Freuden. Es ist nicht immer gut, schnell zu sein, oftmals ist es praktisch, doch es ist viel schöner, etwas langsam zu betrachten, denn dann nimmt man viel mehr in sich auf."

„Gut das ist deine Ansicht, du bist ein Falke. Es liegt wohl in deiner Natur, doch ich bin kein Falke."

Morla schaute genervt. Malu schüttelte nur den Kopf, was sollte er bloß mit Morla machen?

„Danke, Lisa, ich bin im Moment etwas ratlos. Ich muss erstmal überlegen, wer Morla klarmachen kann, dass langsam nicht schlecht ist", schnaufte Malu

Lisa faltete die Flügel auf. „Malu, geht doch bei Mirko vorbei, meistens weiß er jemanden, der vielleicht helfen kann." Schwupp erhob sie sich in die Lüfte und flog davon.

Malu überlegte „Ja, Mirko könnten wir besuchen. Komm mit mir, mal sehen, wo wir den Haudegen finden."

„Wer ist Mirko?", fragte Morla.

„Mirko ist eine Spinne und mein Höhlenmitbewohner, er weiß immer Rat."

Beide schwebten sie Richtung der Höhlen. Am unteren Höhleneingang sah Malu im Abendlicht das feingewebte Netz und flog darauf zu. „Mirkoooooo, ich bin wieder daaaaa und ich habe Besuch dabei!!", schrie Malu schon im Landeanflug.

„Du kannst es einfach nicht lassen, so zu schreien. Was ist denn wieder los. Brauchst du meine Hilfe?" Mirko seilte sich ab. Malu hängte sich an einen Felsenrand und Morla schwebte davor.

„Ja, ich bin am Ende mit meiner Weisheit. Das ist Morla und ich möchte ihr gerne zeigen, dass langsam nicht schlimm ist, doch ich finde niemanden, der sie überzeugen kann." Mirko baumelte hin und her.

„Hallo, Morla, also warst du schon bei Horacia mit ihr? Denn wenn einer überzeugend ist, dann sie. Horacia ist allwissend und sehr alt und weise."

Malu schlug die Flügel über seinem Leib zusammen und stöhnte auf. „Na toll, an sie habe ich noch gar nicht gedacht. Komm, Morla, weiter geht es, jetzt bringe ich dich zu jemandem, der dir ganz sicher sagen kann, dass es nicht wichtig ist, schnell zu sein."

Beide tauchten ein in die bizarren Lichter der beginnenden Morgendämmerung. Malu war müde, so hatte er doch die ganze Nacht versucht, eine Lösung zu finden, doch er wollte nicht aufgeben, erst wollte er Morla helfen.

Über die Baumkronen hinweg flogen sie Richtung Meer. Malu flog ein paar Kreise und dann sah er sie. „Komm mit runter an den Strand, da ist Horacia", sagte er zu Morla.

Unten am Strand auf einem Felsen lag Horacia und schaute beiden entgegen, als sie vor ihr landeten.

„Hallo Malu und das ist sicher Morla, ich habe schon auf euch gewartet", sagte Horacia.

Morla machte große Augen „Woher wusstest du, dass wir kommen?", fragte sie.

„Ich bin allwissend und ich weiß, was mit dir los ist. Setz dich zu mir und ich werde dir eine Geschichte erzählen."

Morla und Malu rückten näher an Horacia heran.

„Ich bin 125 Jahre alt. Als ich klein war, gerade geschlüpft, krabbelte ich geschwind Richtung Meer. Im Meer flitzte ich durch die Wellen und ich war voller Freude, dass ich so schnell war und mich vor vielen Feinden somit schützen konnte. Doch dann wurde ich älter und größer, schwerfälliger und alles ging nur noch viel langsamer. An Land robbte ich nur noch unter großer Anstrengung entlang. Im Meer ging es, doch auf festem Boden wurde ich gerade mal minimal schneller als Azana, die Schnecke. Glaube mir, es war schwer, das zu akzeptieren. Doch schau mich an, ich bin mittlerweile sehr alt geworden und ich lebe immer noch"

Morla schaute Horacia an „Ich und mein Leben waren immer schnell, ich habe viel zu tun, den ganzen Tag, und wenn ich das nicht schaffe, wenn mir die Zeit davon rennt, habe ich irgendwann ganz viel, was liegen geblieben ist. Wohin soll das führen? Es liegt nicht in meiner Art, langsam zu machen. Es fällt mir so schwer und es frustriert mich. Keiner versteht mich und meine Situation. Keiner versteht, dass es schwer für mich ist, langsam zu machen. Doch eines weiß ich, es geht nicht mehr schnell, doch wie soll ich damit umgehen und wie soll ich mit dieser Einschränkung glücklich werden?"

„Morla, es ist nicht schlimm, langsam zu gehen. Du kommst trotzdem dort an, wo du hin willst. Vorwärts ist vorwärts, egal, wie schnell du bist. Sieh es doch mal von der anderen Seite. Du weinst deinem bisherigen Leben nach, das sich immer nur um Hektik und Stress gedreht hat. Du hast immer nur gemacht und getan. Doch das ist vergangen, jetzt ist jetzt und du solltest lernen, dich deiner jetzigen Situation anzupassen. Genieße das, was um dich herum ist. Nimm dir Zeit für dich, Zeit, um den Duft der Blumen zu genießen. Was du nicht schaffst, lass liegen. Vieles erscheint uns nur wichtig, weil wir glauben, dass es so ist. Doch mal ganz ehrlich, was gibt es Wichtigeres als dein Leben. Du musst nun etwas finden, das dich trotz fehlender Geschwindigkeit erfüllt. Es ist nicht wenig Zeit, die wir haben, um alles zu erfüllen, was wir denken, das wichtig ist. Sondern es ist wenig Zeit, die wir nicht für uns selbst nutzen. Denke mal darüber nach. Anpassen heißt es ab jetzt, Vergangenheit ist vergangen, die Gegenwart zählt. Sicher gibt es etwas, was du schon immer machen wolltest, jedoch nie die Zeit dazu hattest, in deinem hektischen Leben."

Morla saß auf den Felsen und starrte ins Meer. „Ja", dachte sie, „Horacia hat recht, genau wie Azana und Memo. Auch wenn es schwer wird, ich muss mir eine neue Aufgabe suchen, eine Aufgabe, die mir hilft mit meiner Situation besser umzugehen und sie zu akzeptieren. Hört sich einfach an in der Theorie. Jedoch ich habe schon so viel geschafft in meinem Leben, dann schaff ich das jetzt auch."

Morla strahlte Horacia an „Weißt du, was ich schon immer wollte? Gerade eben sah ich einen Traum aus meiner Jugend vor mir aufblinken und das Beste ist, dazu brauche ich keine Geschwindigkeit, sondern nur mein Inneres. Seit Jahren schreibe ich meine Gedanken und Gefühle in Geschichten zusammen. Ich schrieb, weil ich dabei meine innere Ruhe finde, leider viel zu selten. Viele erfreue ich durch meine Geschichten und mir wurde immer gesagt ich solle sie doch mit allen teilen. Jedoch fehlt mir die Zeit und der Mut. Doch jetzt, wo ich lernen muss, mich zu entschleunigen, damit es mir gut geht, werde ich mir Zeit nehmen für meinen Traum. Du hast recht, Horacia, es eröffnen sich neue Möglichkeiten, somit ist der Gegensatz wieder da. Wie konnte ich nur so blind sein?"

Horacia und Malu lachten „Genau so ist es, es ist nicht schlimm, langsam zu gehen, es wäre nur schlimm, wenn du nicht sehen würdest, was du trotz deiner Einschränkungen daraus machen kannst. Es gibt immer einen Weg, den du einschlagen kannst, und der wichtigste Weg ist deiner", sagte Horacia.

Malu schaute Morla an „Eines möchte ich jetzt trotzdem wissen. Was ist das für ein Traum, den du hattest?“

Morla legte sich auf den Fels und schaute in den Himmel, die letzten Sterne glitzerten am Firmament und die ersten Strahlen der aufgehenden Sonne erschienen am Horizont.

„Mein Traum war es schon immer, meine Geschichten anderen Menschen zur Verfügung zu stellen. Ich finde, alle Menschen brauchen eine Geschichte. Meine Geschichten handeln von euch Tieren und der Natur, von Stille und Sehnsucht, von Trauer und Trost, von Hoffnung und Zuversicht. Sie sind meinem Inneren entwachsen und sie sind meine Seele. Genau das werde ich nun tun, meine Geschichten veröffentlichen, denn eines weiß ich ganz sicher.“ Morla steckte die Arme gen Himmel und lachte Malu an. „Jeder braucht einen Malu in seinem Leben“

Noch sehr lange saß Morla mit Horacia auf den Felsen am Meer. Malu verabschiedete sich bald darauf, denn für ihn war es Schlafenszeit.

Als er wegflatterte schaute Morla ihm nach und dachte so bei sich: „Schön dass es Malu gibt, er zeigte mir in einer sehr dunklen Stunde, dass es weitergeht. Dass man erst akzeptieren muss und nicht an Vergangenem festhalten darf. Immer vorwärts, nie zurück und man kann auch aus Steinen, die einem in den Weg gelegt werden, Schönes bauen.“

Morla lachte und fühlte sich frei.

Eine kleine Fledermaus, die ihr in einer einsamen Stunde begegnet war, hatte ihr den Weg gezeigt.

Jeder sollte einen Malu in seinem Leben haben, eine kleine Fledermaus …

-Ende-

Glossar der Namen und Bedeutungen

Lisa = von Gott verehrt

Falke = Botschafter

Nadeschda = Hoffnung

Pinguin = innige Verbundenheit

Jesco = Kämpfer

Sofyia = Weisheit

Liberio = Freiheit

Sturmvogel = singt das Lied der Seele

Aman = Vertrauen

Walross = bringt Verborgenes an die Oberfläche

Maisha = Leben

Wal = Rückzug zur eigenen Gesinnung

Emily = die Eifrige

Puma = verkörpert Wildheit und Eigenheit

Tohon= Puma

Alain = Fels

Adler = kündigt neue Entwicklungsstufen an

Regius = König

Andraia = Stärke

Bär = Beschützer

Malu = Friede Und Ruhe

Fledermaus = Wiedergeburt und Unendlichkeit

Mirko = Friede und Ehre

Spinne = Weberin der Zeit, webt die Schicksalsfäden

Sophia = Weisheit

Eule = Weisheit und Klugheit

Selena = Mondkind

Saira = Wanderin

Eichhörnchen = verhilft zu Leichtigkeit und Lebensfreude

Kaami = Glück

Krebs = Hüter der Gefühlswelt

Jasiri = furchtlos

Schlange = verkörpert die Unendlichkeit

Rufus = der Rothaarige

Fuchs =schlauer Seelenführer in allen Lebenslagen

Morla = Alt und Weise

Memo = Hinweis

Koala = ausruhen und Meditation

Azana = Perfekt, vollendet

Schnecke = zentrieren Ruhe

Horacia = Zeit

Schildkröte = Alte und weise Mutter

Glühwürmchen = Licht in der Dunkelheit